Richard Andree

Die Anthropophagie

Eine ethnographische Studie

Richard Andree

Die Anthropophagie
Eine ethnographische Studie

ISBN/EAN: 9783744639330

Hergestellt in Europa, USA, Kanada, Australien, Japan

Cover: Foto ©ninafisch / pixelio.de

Weitere Bücher finden Sie auf **www.hansebooks.com**

DIE
ANTHROPOPHAGIE.

EINE ETHNOGRAPHISCHE STUDIE

VON

RICHARD ANDREE.

LEIPZIG,

VERLAG VON VEIT & COMP.

1887

Vorwort.

Bei der Anthropophagie ist zu unterscheiden zwischen der zufälligen oder notgedrungenen und der gewohnheitsmäßigen. Die erstere, welche infolge von Hungersnot, bei Belagerungen, Schiffbrüchen u. s. w. überall und zu allen Zeiten vorkommt, ist hier ausgeschlossen. Sie bietet kein ethnologisches Interesse. Zur Darstellung soll dagegen die gewohnheitsmäßige Anthropophagie gelangen, welche einen Teil der Sitten eines Volkes ausmacht. Mit dieser allein habe ich es zu thun; die Thatsachen sollen möglichst vollständig vorgeführt, die verschiedenen Stufen und die Ursachen, die gleichfalls sehr mannigfacher Art sind, erläutert werden. Zunächst behandle ich die Anthropophagie in vorgeschichtlicher Zeit, woran sich eine kurze Übersicht der alten geschichtlichen Nachrichten über den Kannibalismus anschließt, kurz deshalb, weil dieses Thema bereits wiederholt bearbeitet worden ist. Es schließt sich daran ein Kapitel über die anthropophagen Überlebsel Europas, über dasjenige, was in Sagen, Märchen, Volkssitten und Aberglauben auf ehemaligen Kannibalismus in Europa schließen läßt. Dann folgt jener Teil meiner Arbeit, auf welchen ich den Nachdruck lege: die heutige Verbreitung und Ausübung der Anthropophagie, wobei die Thatsachen in geographischer Ordnung vorgeführt werden. Eine Ableitung der Ergebnisse aus dieser Stoffsammlung ergiebt sich dann von selbst und die verschiedenartigen Beweggründe, sowie die allgemeinen Betrachtungen über die noch bei

Millionen heute herrschende Menschenfresserei, das allmähliche
Schwinden derselben, gleichlaufend mit dem Vordringen der europäischen Einflüsse und unserer Civilisation, können klar gelegt werden.
Bereits in den Mitteilungen des Vereins für Erdkunde zu Leipzig 1873 habe ich eine Abhandlung über die Verbreitung der Anthropophagie veröffentlicht, welche der nachstehenden Darstellung
zu Grunde liegt. Seit jener Zeit hat sich der Stoff gehäuft, es
sind nicht nur zahlreiche Belege, namentlich Afrika betreffend,
hinzugekommen, sondern auch die Frage nach der prähistorischen
Anthropophagie ist jetzt eingehender erörtert worden, als es nach
dem damaligen Stande der Wissenschaft der Fall sein konnte. Da
jene kleine Abhandlung oft verlangt wurde und an einem weniger
zugängigen Orte sich befindet, so habe ich mich entschlossen, dieselbe in ausführlicherer und mit den neuesten Ergebnissen der
Wissenschaft vermehrter Form hier wieder zu veröffentlichen.

Leipzig, im Juli 1886.

Dr. R. Andree.

Inhalt.

Die prähistorische Anthropophagie.

Schon die weite Verbreitung, welche die Anthropophagie bei
niedrigstehenden Naturvölkern der Gegenwart besitzt und die zahlreichen Nachrichten über dieselbe bei frühgeschichtlichen Völkern
in den Werken des klassischen Altertums legen die Vermutung
nahe, daß auch in vorgeschichtlicher Zeit Völker existierten, welche
unter die Anthropophagen gerechnet werden müssen. Es scheinen
aber auch direkte Beweise hierauf hinzudeuten.

Der prähistorische Mensch, der gleichzeitig mit den großen,
jetzt meist ausgestorbenen Säugetieren, dem Höhlenbären, dem
Mammut, Ren, Höhlenlöwen, dem haarigen Rhinoceros u. s. w.,
lebte, war Jäger und ernährte sich zum großen Teil vom Fleische
der Jagdtiere, deren Felle wohl zu Kleidungsstücken verarbeitet
wurden. Die Knochen der erlegten Tiere wurden, wie zahlreiche
Höhlenfunde beweisen, mit der Steinaxt oder dem Feuersteinmesser
geöffnet; an der Art und Weise nun, wie namentlich die langen
Röhrenknochen zerbrochen oder geöffnet sind, will man erkennen
können, ob dieses von Menschenhand geschehen sei. Für die Zeit-
bestimmung der Funde ist dieses von der größten Wichtigkeit,
denn wenn die Knochen im frischen Zustande von den Menschen
geöffnet waren, so konnte über die Gleichalterigkeit des Menschen
und der betreffenden Tiere kein Zweifel aufkommen.

Die Jagdmittel, welche die primitiven Höhlenmenschen besaßen,
waren sicher nur unvollkommener Art, schwer wurde es ihnen, die
großen Tiere zu überwältigen und wenn einmal die Jagd versagte
und Hungersnot herrschte, so ist es nur zu leicht erklärlich, daß
der primitive Mensch prähistorischer Zeit zum Anthropophagen
wurde, wie heute noch der Hunger selbst in Kulturländern zum
Kannibalismus zwingt. Jenem, dem zahlreiche Empfindungen und
Begriffe noch fehlten, die uns heute geläufig sind, wie z. B. Scham-
haftigkeit oder Pietät, konnte es kaum einen Unterschied machen,

R. Andree, Anthropophagie. 1

ob er Fleisch von einem Jagdtiere oder Menschen verzehrte, wenn
er nur seinen Hunger zu stillen vermochte. Verzehrte der Mensch
in der Quaternärzeit seinesgleichen, so wird er sich auch an
dem Mark der Menschenknochen erlabt haben, wie er sicher die
Markknochen der großen Säugetiere mit Steinhammer und Flint-
messer öffnete, um deren Inhalt zu verzehren. Findet man daher
im Inhalt der Höhlen der Quaternärzeit Menschenknochen, welche
in absichtlicher Weise geöffnet erscheinen und die Spuren der
menschlichen Bearbeitung zeigen, so kann man wohl schließen,
daß sie zu dem Zwecke zerbrochen wurden, um das Mark zu Nah-
rungszwecken zu erlangen. Eine große Anzahl Entdeckungen sind
nach dieser Richtung hin in der letzten Zeit gemacht worden;
man hat die deutlichsten Beweise künstlicher Öffnung von Markknochen, die Schnitte der Feuersteingeräte an denselben finden
wollen und sich immer mehr der Ansicht zugeneigt, daß man es
mit Überresten prähistorischer Kannibalenmahlzeiten in solchen
Fällen zu thun hat.

Allemal kommt es hierbei aber auf eine sehr genaue Untersuchung der Menschenknochen an, auf die Art und Weise, wie
dieselben geöffnet wurden. Das Zerschlagen und Öffnen kann zu
verschiedenen Zwecken stattgefunden haben; es ist bekannt, daß
heute noch einzelne Völker das Mark von Röhrenknochen nur gewinnen, um damit Felle zu gerben. Das kann auch bei einem prähistorischen Volke der Fall gewesen sein und dann ist es ausgeschlossen, hier aus dem Knochenbefunde auf Anthropophagie zu
schließen. Mit absoluter Sicherheit wird sich niemals sagen lassen:
die und die aufgefundenen, zerschlagenen und geöffneten Menschenknochen sind die Überreste einer kannibalischen Mahlzeit oder das
prähistorische Volk, welches in dieser oder jener Höhle hauste, bestand aus Kannibalen. Es hat daher auch die Vorstellung von
prähistorischen Anthropophagen wiederholt Gegner gefunden. Mögen
nun aber auch die Schlüsse, welche man auf prähistorischen Kannibalismus aus den zerschlagenen Menschenknochen zieht, hinfällig
sein — die Möglichkeit und Wahrscheinlichkeit für letztere ist
trotzdem vorhanden; sie werden gestützt durch die Analogie, welche
zwischen den vorgeschichtlichen Völkern und den heute der Anthropophagie ergebenen Naturvölkern besteht, eine schlagende Analogie, die nicht mehr besonders hervorgehoben zu werden braucht.

Der erste, welcher auf Kannibalismus in vorgeschichtlicher Zeit
schon vor vierzig Jahren hinwies, war Professor A. Spring in
Lüttich, welcher die Höhlen von Chauvaux bei Namur in Belgien

durchforschte und hier in großer Masse Menschen- und Tierknochen mit Asche und Kohlenstücken vermengt vorfand. Alle Röhrenknochen waren zerschlagen, „um zu dem Marke zu gelangen", und ein Unterschied zwischen Menschen- und Tierknochen fand hierbei nicht statt. Wohl aber durfte SPRING sich wundern, daß kein einziger Knochen einem alten Mann oder einer alten Frau angehört hatte, denn sämtliche Überreste stammten von Jünglingen, jungen Frauen oder Kindern, woraus SPRING auf Feinschmeckerei der alten kannibalischen Höhlenbewohner schließt, die nicht von der Not gedrängt, nur das zarte Fleisch jugendlicher Genossen verzehrten. SPRINGs Darlegungen erregten anfangs heftigen Widerspruch, aber dem massenhaften von ihm vorgelegten Material gegenüber neigte sich die Wagschale mehr zu gunsten seiner Ansicht.[1]

Nachdem durch SPRING einmal der Kannibalismus des vorhistorischen Menschen angeregt worden war, begannen die Forscher eifrig nach neuen Belegen zu suchen und die aufgefundenen Menschenknochen unter dem Gesichtspunkte der Anthropophagie zu betrachten. Besonders reiche Beweise brachte man aus Frankreich bei, denen gegenüber die Zweifel zu schwinden begannen, zumal es ja an und für sich nicht die geringste Unwahrscheinlichkeit darbietet, daß unsere Vorfahren demselben Gelüste gehuldigt haben, welches unter den heutigen Naturvölkern noch so weit verbreitet ist. Wie bei den Australiern und nach SCHWEINFURTH bei den Niam-Niam, nach BOWDICH bei den Aschanti noch heute Schädel- und Knochenstücke von Menschen als Zierat getragen werden, so schmückten die alten Bewohner des Departements Aveyron in Südfrankreich sich mit durchbohrten Menschenzähnen, die, an Schnüren aufgereiht, als Ketten getragen wurden, wie CARTAILHAC nachgewiesen hat.[2] Es mag uns in diesem Falle freistehen, ein pietätvolles Erinnerungszeichen an einen Verstorbenen nach Art der Australier oder an eine Siegestrophäe nach Art der Niam-Niam zu denken, die von einem erschlagenen, möglicherweise verzehrten Feinde herrührt. F. GARRIGOU, der es sich zur besondern Aufgabe setzte, die Anthropophagie der „Renntierfranzosen" nachzuweisen, hat dafür eine Anzahl Beweise gesammelt.[3] Er führt aus, daß die

---

[1] A. SPRING, Rapport sur un mémoire sur l'éthnographie de l'homme du renne par ED. DUPONT. Bull. de l'acad. royale du Belgique. T. XXII. No. 9 und 10.
[2] In MORTILLETs Matériaux pour l'histoire positive et philosophique de l'homme III. 65.
[3] L'Anthropophagie chez les peuples des âges du renne etc. Bull. de la soc. d'Anthropol. 1867. 326.

Menschenknochen, welche zuerst mit Tierknochen in den zur Renntierzeit gerechneten Höhlen des Thals von Tarascon (Ariège), von Sabart (Sounchut) von Niaux-Grande und Niaux-Petite, von Bédeillac etc. im südlichen Frankreich vorkommen, für ihn als *restes de repas faits par l'homme* gelten. Er hat dann seine Beweise durch Belege aus dem Departement Lot vermehrt, wo namentlich in der Höhle Cuzoul de Mousset viele zerschlagene und kalcinierte Menschenknochen auf Kannibalismus deuten.[1] In den Dolmen des Departements Lozère hat Prunières neben einem mit Bronzeschmuck versehenen Skelette, Knochen von alten und jungen Menschen, nur Bruchstücke, im „angenagten" Zustande, nebst einem aufgeschlagenen Röhrenknochen gefunden, die auf Kannibalismus hinwiesen; Zweifel, welche der verdiente Broca erhob, schienen durch eingesandte Belegsstücke widerlegt.[2] Felix Regnault behauptete mit vielen Beweisstücken den Kannibalismus der alten Bewohner von Montesquieu im Departement Ariège. Die zerbrochenen Menschenknochen wurden dort zusammen mit Feuersteingeräten und den Knochen vom Höhlenbär, Hirsch, Ochs, Pferd, Hund und der Höhlenhyäne gefunden; die Menschenknochen waren *cassés par des instruments tranchants* und zwar nach einer ganz bestimmten Weise, die Regnault als *bec de flûte* bezeichnet.[3] A. Roujou bringt von der Station Villeneuve St. Georges (Steinzeit) Beweise für die Anthropophagie bei.[4]

In der vortrefflichen Arbeit von Eduard Piette über die Grotte von Gourdan, Departement Haute Garonne[5], wird die Frage aufgeworfen, ob die alten Renntierjäger, deren Spuren dort massenhaft vorhanden sind, auch Anthropophagen waren? Zahlreiche menschliche Schädelfragmente mit sehr deutlichen Spuren von Schnitten, als ob die Schädelhaut mit Feuersteingeräten abgezogen worden wäre, wurden dort aufgefunden. Dann zerlegte man den Schädel, wie die Bruchstücke beweisen, und suchte wohl zum Gehirn zu gelangen. Bemerkenswert ist, daß man nur Schädel und Atlasknochen, keine anderen menschlichen Teile in der Grotte fand. Piette meint, daß die Renntierjäger von Gourdan eine Art von Kopfschneller gewesen seien, welche die Häupter ihrer Feinde als Siegestrophäen in die Grotte hineinbrachten, diese dort skalpierten

[1] Bull. d. l. soc. de Géologie de France. T. XXVI. 461.
[2] Bull. d. l. soc. d'Anthropol. 1868. 317. 404.
[3] Bull. d. l. soc. d'Anthropol. 1869. 476. 483.
[4] Bull. d. l. soc. d'Anthropol. 1866. 607. 611 und 1867. 239.
[5] Bull. d. l. soc. d'Anthropol. 1873. 407.

und dann das Gehirn verzehrten. Für diese Ansicht sprechen genau die Kopfjäger von der Insel Lazon, über welche freilich damals PIETTE noch nicht unterrichtet sein konnte (siehe unten).

Bei den Ausgrabungen in der Grotta dei Colombi auf der Insel Palmaria (Golf von Spezia) hat CAPELLINI neben rohen Feuerstein-werkzeugen, Topfscherben und Knochennadeln, Knochen von Ziegen, Schweinen, Rindern etc. auch Oberschenkelbeine gefunden, die vom Feuer versengt sind und an der hinteren Fläche Einschnitte tragen, „die daher rühren, daß man mit einem Feuerstein das Fleisch abgeschnitten hat". Nach CAPELLINIS Meinung gehören sie einem Affen *(Macacus inuus)* an; aber die Untersuchungen von BOYD DAWKINS und Prof. BUSK haben ergeben, daß es sich hier um das Oberschenkelbein eines etwa achtjährigen Kindes handelt. Aus der Roheit der aufgefundenen Artefakte geht hervor, daß in der Höhle sehr niedrig stehende Wilde lebten, welche auf Grund des obigen Fundes für Kannibalen angesehen werden.[1]

Auf der iberischen Halbinsel sind die Menschenknochen, welche sich in den neolithischen Ablagerungen der Grotte von Peniche vorgefunden haben, von DELGADO als Beweise für den Kannibalismus der Vorzeit angesprochen worden. Ein zur Prüfung dieser Frage auf dem Lissabonner prähistorischen internationalen Congress 1880 niedergesetzter Ausschuß war geteilter Ansicht, indem einzelne Mitglieder zustimmten, andere die Möglichkeit und Wahr-scheinlichkeit prähistorischer Anthropophagie in diesem Falle zu-gaben und wieder andere dieselbe leugneten.[2]

Was schließlich unser Vaterland betrifft, so ist auch dieses nicht frei befunden von prähistorischen Kannibalen. In einer der Bronzezeit zugerechneten Höhle beim Dorfe Holzen, unweit Eschers-hausen, hat A. WOLLEMANN an den Herdstellen Anhäufungen von Menschenknochen gefunden, deren Röhrenknochen sämtlich zer-schlagen und angebrannt waren, „so daß an den Feuern ohne Zweifel einst Menschen verbrannt wurden". Unverletzt dagegen waren die kein Mark enthaltenden Knochen; WOLLEMANN deutet daher die Knochenreste als Überbleibsel kannibalischer Mahlzeiten[3], eine Ansicht, der sich unter näherer Begründung auch Prof. NEHRING angeschlossen hat.[4]

[1] BOYD DAWKINS, Die Höhlen. Deutsch. Leipzig 1876. 208. und Archiv für Anthropologie. IV. 163.
[2] Archiv für Anthropologie. XIII. Supplement. 106—108.
[3] Verhandlungen der Berliner Anthropologischen Gesellschaft. 1883. 517.
[4] Daselbst. 1884. 88.

Mindestens den Verdacht der Anthropophagie erregen die alten Höhlenbewohner der neolithischen Zeit, welche in der Einhornhöhle bei Scharzfeld am Harze wohnten. C. Struckmann, der diese Höhle untersuchte, fand darin zahlreiche menschliche Gebeine ohne jede Ordnung wild durcheinander zwischen den zerschlagenen Tierknochen und Topfscherben, also inmitten der Küchenabfälle. Ein Knochen scheint nachweisbar von Menschenhand gespalten. Sichere Beweise aber, daß die Mehrzahl der Knochen absichtlich wegen der Markgewinnung geöffnet wurde, fehlen.[1]

Überlebsel im Volksglauben.

Wie die vergleichende Mythologie in den Volksmärchen und Sagen reichen Stoff zum Wiederaufbau der alten Götterwelt gefunden hat, so können, und mit noch größerem Rechte, die Anklänge, welche Märchen und Sagen verschiedener, heute auf einer hohen Kulturstufe stehender Völker an Menschenfresserei zeigen, als Überlebsel aufgefaßt werden und dazu dienen, das ehemalige Vorhandensein der Anthropophagie bei solchen Völkern darzuthun. Mit größerem Rechte sage ich, weil die Analogie der Naturvölker, bei denen heute noch die Anthropophagie in ausgedehntem Maße herrscht, hier bestätigend zu Hilfe kommt, eine Analogie, die bei Götterrekonstruktionen nicht im gleichen Maße zur Seite steht. Was in den Mythen und Überlieferungen der klassischen Völker von menschenfressenden Göttern und Helden berichtet wird, gehört auch in das Gebiet, welches hier berührt wird; die Anschauung ist dieselbe, wie in unseren heutigen Märchen und Sagen von Menschenfressern, wenn auch eine Niederschrift schon vor tausenden von Jahren erfolgte. An das Treiben der Höhlenkannibalen, wie prähistorische Funde es uns kennen lehren, oder wie es unsere Zeit in den Höhlen des Basutolandes geschen hat, erinnert die Schilderung der Odyssee, wo der Kyklop Polyphem nach den Geführten des Dulders von Ithaka griff,

[1] Archiv für Anthropologie. XIV. 227—229.

Deren er zween anpackt, und wie junge Hund' auf den Boden
Schmettert: blutig entspritzt ihr Gehirn und netzte die Erde.
Dann zerstückt' er sie Glied vor Glied, und tischte den Schmaus auf,
Schluckte drein, wie ein Leu des Felsengebirgs, und verschmähte
Weder Eingeweide, noch Fleisch, noch die markichten Knochen.

Tantalus, der am Tische der Götter speisen durfte, suchte
deren Allwissenheit zu prüfen, indem er ihnen das Fleisch seines
wegen Blutschande zerstückelten Sohnes Pelops vorsetzt. Nur
Demeter ißt aus Versehen von der Schulter, während die übrigen
Götter die Speise erkennen. Atreus tötet die beiden Söhne des
Thyestes, läßt die zerstückelten Leichname teils kochen, teils
braten und setzt dem Vater beim Gastmahle das Fleisch zu essen,
das Blut unter den Wein gemischt zum Trinken vor. Und so öfter.

Sehr reich an Beziehungen zur Anthropophagie ist das Gebiet
dessen, was wir heute unter der Bezeichnung „Folklore" zusam-
menfassen. Jedoch kann dieses Kapitel nicht eingehend hier behandelt werden, da der Schwerpunkt meiner Arbeit auf ethnogra-
phischem Gebiete liegt; aber zeigen läßt sich, daß in der Volkslitteratur die wesentlichen Gesichtspunkte, welche bei der Anthropophagie in Betracht kommen, von dem rohen, sättigenden Genuß des
Menschenfleisches, also der rein materiellen Seite, bis zu den damit
verknüpften verfeinerten abergläubigen Wahnvorstellungen vorhanden sind.

Der wilde Jäger oder Wod jagt und erlegt (in den pommer-
schen Sagen) ein paar Frauenzimmer und wirft denen, die ihm bei
der Jagd behilflich waren, als Speise und Belohnung ein Frauen-
bein zu. „Häst mit jacht, kåst uk mit fręte."[1] So verlangt der
wendische Bauer von Dissenchen in der Lausitz im Übermut vom
Nachtjäger die Hälfte des Jagdertrags. Da bekommt er die Hälfte
eines Menschen.[2] Als die Hexen in Swinemünde hungrig waren,
sagte die eine zur anderen: Drüben unsere Nachbarin liegt in den
Wochen, da wollen wir ihr Kind holen und es schlachten.[3]

Nach dem altertümlichen serbischen Volksglauben fressen die
Hexen das Herz aus dem Leibe des Menschen. In einem Liede[4]
ruft ein Hirtenknabe, den seine Schwester nicht erwecken kann:
Hexen haben mich ausgegessen, Mutter nahm mir das Herz, Base
leuchtete ihr. Daß der nämliche Wahn unter den alten Deutschen

---

[1] JAHN, Volkssagen aus Pommern. No. 19 und 21.
[2] VECKENSTEDT, Wendische Sagen. Graz 1880. 43.
[3] KUHN und SCHWARTZ, Norddeutsche Sagen. No. 32.
[4] Vuk. Nr. 363.

herrschte, bezeugen Stellen der Volksrechte: *si stria hominem come-derit.*[1] Unsere heutigen Märchen stellen die Hexen als Waldfrauen dar, die sich Kinder zur Speise füttern und mästen[2], also rein materiell das Fleisch genießen.

Die Striglen der Neugriechen hingen mit den Strigen des griechisch-römischen Altertums zusammen, jenen boshaften Zauber-frauen des populären Aberglaubens, von denen man erzählt, daß sie des Nachts in Vogelgestalt zu den Wiegen der Kinder flögen und diesen das Blut aussaugten. In einer unter Johannes' von Damaskus Namen überlieferten Abhandlung werden die στρίγγαι nach damaliger volkstümlicher Auffassung geschildert als nachts durch die Luft fahrende Frauen, welche die kleinen Kinder er-würgen oder ihnen die Leber ausfressen. Der altertümliche Strigen-glaube hat sich noch an einzelnen Orten Griechenlands erhalten.[3]

Auch jener Zug, welcher bei den heutigen Anthropophagen charakteristisch ist und häufig wiederkehrt, die völlige Vernichtung des gehaßten Feindes dadurch, daß man ihn verspeist, ist schon vorhanden in unseren Volksmärchen. Die Stiefmutter Schneewittchens verzehrt Leber und Lunge von einem Frischlinge im Wahne es seien Leber und Lunge des von ihr gehaßten Schneewittchen.

Es zeigen sich desgleichen in der Volkslitteratur jene aber-gläubischen Vorstellungen, die mit dem Genusse von Menschenfleisch noch heute bei den antropophagen Naturvölkern verknüpft sind, nem-lich, daß der Verspeisende besondere Kräfte und Eigenschaften dadurch erhalte. „Wer ein gekochtes Menschenherz ißt, wird unsichtbar."[4]

Nicht anders die Chinesen noch heute, bei denen dieser Aber-glaube bis zur Ausführung herrscht. *The people in the district Cheung-lok seized a youth, carried him to the top of a hill, where they killed him and ate his heart* (1871).[5] Ein englischer Kaufmann in Schanghai betraf seinen chinesischen Diener darüber, wie er ein Menschenherz nach Hause brachte, um es dort zu kochen und zu verzehren. Es sei das Herz eines Taipingrebellen, sagte er, und er esse es, um tapfer zu werden.[6]

---

[1] In der lex sal. 67. GRIMM, D. M. 611.

[2] GRIMM, Kindermärchen. 51. 56. 113. Auch der siebenbürgische Menschen-fresser mästet die drei Schwestern mit Stritzeln und Nüssen. HALTRICH, Deutsche Volksmärchen aus Siebenbürgen.[3] No. 38.

[3] B. SCHMIDT, Volksleben der Neugriechen. 136.

[4] GROHMANN, Aberglauben aus Böhmen. No. 1448.

[5] W. LOBSCHEID, Evidence of the affinity of the Polynesians and American Indians. Hongkong 1872. 62.

[6] TYLOR, Early history of Mankind. London 1865. 131.

Auch dämonische Verwandlungen werden durch den Genuß von Menschenfleisch bewirkt. So wird bei den Indern der Knabe Vija-yadatta dadurch, daß ihm Menschenhirn an die Lippen spritzt, zum mörderischen, leichenzerfleischenden Rakschasa [1] und nach dem Volksglauben im Braunschweigischen, muß jeder, der Menschenfleisch kostet, auf immer Menschenfresser werden. Bei Seesen ging ein Mädchen durch den Wald, dem begegnete eine Menschenfresserin, die der Kleinen Wurst anbot. Da kam eine weiße Katze, die warnte das Mädchen, ja die Wurst nicht anzunehmen, denn sie war aus Menschenfleisch. Die Katze hängte hierauf die Würste an die Büsche, da kamen Raben und Wölfe und fraßen sie auf. Seit jener Zeit mögen Raben und Wölfe am liebsten Menschenfleisch. [2]

Daß in der russischen Volkslitteratur Spuren vorhanden sind, die auf alte Menschenopfer und Kannibalismus hindeuten, hat WOJEWODSKY nachzuweisen unternommen. Er führt ein Volkslied an, in welchem ein Rätsel aufgegeben ist: Ein menschlicher Körper wird in seine Teile zerlegt und diese werden zu allerlei verbraucht, z. B. aus dem Blut wird Bier gebraut, aus dem Fette macht man Lichter u. dergl. Mit Rücksicht auf die einzelnen Teile werden einzelne Fragen vorgelegt, wie: Was ist das? Etwas Liebes brennt vor mir als Licht. WOJEWODSKY leitet die Entstehung jener Ge-dichte aus einer Zeit her, in welcher noch Kannibalismus herrschte.[3] Auch das russische Märchen von der schönen Wasilissa gehört hierher. Sie kommt zu einer Hexe, Baba-Jaga, welche im dichten Walde eine Hütte bewohnt. Der Zaun um die Hütte besteht aus Menschenknochen, auf denselben sind Menschenschädel befestigt, an der Thür statt der Pfosten Menschenbeine, statt der Riegel Hände; in der Nacht leuchten an den Schädeln die Augen u. s. w. Den knöchernen Schädeln werden auch heute noch magische Wirkungen in Rußland zugeschrieben. [4]

Die Märchen und Sagen der finnischen Völker im Innern des europäischen Rußland zeigen ebenfalls Anklänge an chemalige Menschenfresserei. Ein wotjäkisches Märchen [5] berichtet von dem schlauen Knaben Wanka, den eine Hexe durch ihre Tochter braten lassen will. Die Tochter befiehlt ihm sich auf die Schaufel zu

[1] BROCKHAUS, Somadeva. 142.
[2] COLSHORN, Märchen und Sagen. Hannover 1854. No. 8.
[3] Parallel läuft eine tschechische Sage, mitgetheilt von G. KREK, Einleitung in die slawische Litteraturgeschichte. Graz 1874. 265.
[4] Nach einem Referat von L. STIEDA im Archiv f. Anthropologie. XI. 348.
[5] M. BUCH, Die Wotjäken. Helsingfors 1882. 116.

setzen, um ihn in den geheizten Backofen zu schieben; er stellt
sich aber ungeschickt und als die Tochter es ihm vormacht, schiebt
er diese schnell in den Ofen, wo sie gebraten wird. Nun kommt
die Alte zu Hause, sieht in den Ofen und spricht: „Ach, Wanka,
wie schön du gebraten bist." Sie zieht den Menschenbraten hervor
und verzehrt ihn. Sie verspeist somit ihr eigenes Kind und diesen
Zug finden wir auch anderweitig und die Backofengeschichte spielt
gleichfalls in deutschen Märchen.

In den Märchen und Sagen der Turkvölker Südsibiriens leben
auch die Menschenfresser fort, wiewohl wir bei den heutigen Vieh-
züchtern jener Gegenden keinerlei Spuren von Kannibalismus nachzuweisen vermögen. In dem von den Altajern erzählten Märchen von
Tardanak und Täktäbäi Märgän werden deutliche Menschenfresser-
geschichten erzählt, wie in unseren Kindermärchen.[1]

Tardanak wird von dem siebenköpfigen Jälbägän in einen Sack
gesteckt um als Speise zubereitet zu werden; mit List befreit er
sich daraus, schneidet den Kindern Jälbägäns die Köpfe ab und
kocht deren Leiber in einem Kessel. Da kehrt Jälbägän zurück:

> Sah das Fleisch, welches im Kessel gekocht war.
> Als er das Fleisch sah, sprach er:
> Meine Kinder haben gut gethan,
> Den Tardanak haben sie getötet
> Und gekocht, das ist gut.
> Das im Kessel befindliche Fleisch nahm und aß er.

So ist also auch hier der Menschenfresser geprellt und verzehrt
die eigenen Kinder im Wahne, einen Fremden zu essen.

Die Anschauungen, wie sie in den Märchen und im Volksaber-
glauben hier uns entgegentreten, namentlich der Wahn, dass im
menschlichen Fleische und Blute Heilkraft vorhanden sei, sie bestehen noch jetzt beim gemeinen Volke und äußern sich praktisch.

Als die Hinrichtungen in Deutschland noch öffentlich waren,
ist es häufig vorgekommen, daß Zuschauer ihre Taschentücher in
das Blut hingerichteter Verbrecher eintauchten, um sie dann zu
Heilzwecken zu benutzen, gerade so wie der arme Heinrich des
Hartmann v. d. Aue durch das Herzblut einer reinen Jungfrau
vom Aussatz geheilt werden sollte. Bei Daber in Pommern wurde
eine Kindsmörderin hingerichtet; als ihr Blut umherspritzte, drängten
sich alle Leute, die etwas zu verkaufen hatten, besonders Bäcker

---

[1] RADLOFF, Volkslitteratur der türkischen Stämme Süd-Sibiriens. St. Peters-
burg 1866. I. 28. 32.

und Brauer, heran, um in einem Lappen einige Tropfen davon auf-
zufangen. Der Lappen mit solchem Blut wurde von den Bäckern
in deu Brotteig, von den Brauern in das Bier getaucht, damit sie
Kundenzulauf erhielten. [1])

Mit solchem Aberglauben hängen auch sich wiederholende
Grabschändungen zusammen, wobei den Leichen Blut oder Stück-
chen Fleisch entnommen werden, um sie Erkrankten einzugeben,
wie derlei Fälle 1871 und 1877 festgestellt sind zu Rostasin bei
Lauenburg (Pommern) und Heidemühl (Kreis Schlochau). Gottfried
Dallian aus Neukirch bei Elbing ermordete und beraubte am 31.
Dezember 1865 die ledige Elisabeth Zernickel und verzehrte, wie
die Gerichtsverhandlung ergab, einen Teil ihres ausgebratenen
Bauchfleisches „um Ruhe in seinem Gewissen zu finden". Die Herzen ungeborener Kinder gelten vielfach als Schutzmittel für Räuber
und Diebe. Sie werden roh, sowie sie dem Leibe der Mutter ent-
rissen waren, gegessen. [2] Berliner Zeitungen vom 13. November
1879 meldeten:

„In einem Gebüsch im Friedrichshain, gegenüber der Elbinger
Straße, fand man gestern früh um 8 Uhr einen Sarg, dessen Deckel
abgehoben war und in welchem die nur spärlich bekleidete Leiche
eines etwa ein Jahr alten Mädchens lag. Die sofort benachrichtigte
Polizei des 51. Reviers konstatierte eine grausige Verstümmelung
der Leiche: Brust und Leib waren aufgeschnitten und Herz, Leber
und Lunge gewaltsam aus dem Körper gerissen. Die sofort angestellten Ermittelungen ergaben, daß das Kind die erst am Mittwoch
der vorigen Woche am Keuchhusten verstorbene, Sonntag begrabene
Emma Schönberg, das Töchterchen des in der Fischerstraße 29
wohnenden Schuhmachermeisters Schönberg, ist. Die Bestattung
hatte auf dem katholischen Kirchhof in Weißensee stattgehabt.
Der Chef der Kriminalpolizei, Graf Pückler und der Staatsanwalt
haben alle zur Entdeckung der Thäter führenden Maßregeln selbst
angeordnet." Offenbar liegt hier ein ähnlicher Fall vor, wie die
bereits oben gemeldeten. Man sieht also, wie die düstern Anschauungen, die mit ehemaliger Anthopophagie zusammenhängen, bis auf
unsre Tage in der Hauptstadt des deutschen Reichs in niederen
Volksschichten fortbestehen, Anschauungen, denen wir bei ganzen
Völkern im folgenden noch sehr häufig begegnen werden. Ich
nehme, der Parallele wegen, hier einen Fall vorweg.

[1] Jahn, Volkssagen aus Pommern. No. 440.
[2] Mannhardt, Die praktischen Folgen des Aberglaubens. Berlin 1878. 17 ff.

Die mohammedanischen Nubier, mit denen S. W. BAKER seinen Eroberungszug 1872 nilaufwärts nach Unjoro unternahm, waren nicht frei von dem schrecklichen Aberglauben, dass das Verzehren von Menschenfleisch besondere Eigenschaften verleihe. „Diese abergläubischen Leute hatten die Vorstellung, dass jede abgeschossene Kugel einen Mann aus Unjoro töten würde, wenn sie nur ein Stückchen von der Leber ihrer Feinde verzehren könnten. Sie hatten daher die Leber eines Erschossenen herausgeschnitten, unter sich verteilt und positiv roh verzehrt. Den Körper hatten sie mit ihren Schwertbajonetten in Stücken zerlegt, welche sie, zur Warnung für die Leute von Unjoro, auf die Büsche gehängt hatten."[1]

Alte geschichtliche Nachrichten über Anthropophagie.

Den Übergang aus der vorgeschichtlichen Zeit zum Kannibalismus der Gegenwart vermitteln uns eine große Anzahl historischer Belegstellen in den Schriften der Alten, die sämtlich, mit größerer oder geringerer Wahrscheinlichkeit, einzelne Völker oder Völkerstämme der alten Welt des Kannibalismus bezichtigen, in ihrer Gesamtheit aber jedenfalls den Beweis herstellen, daß die Anthropophagie im Altertum eine Thatsache war. Hier, wo der Schwerpunkt auf die Anthropophagie bei den Völkern der Gegenwart gelangt ist, kann dieses Kapitel nur kurz behandelt werden, um so mehr, als dasselbe schon wiederholt bearbeitet worden ist.[2]

HERODOT wie STRABO sind eine wahre Fundgrube von Nachrichten über alte Anthropophagen; bemerkbarer Weise beschuldigen sie jedoch meistens solche Völker, die an der Peripherie ihres geographischen Wissens wohnten, Stämme im heutigen Rußland und in Mittelasien. Wenn unter den Massageten, so heißt es beim

---

[1] S. W. BAKER, Ismailia. London 1874. II. 354.
[2] PETRUS PETITUS, De natura et moribus anthropophagorum. Utrecht 1688. Eine im Archiv für Anthropologie IV. 245—286 befindliche Abhandlung darf nur mit der allergrößten Vorsicht benutzt werden. Eine sehr gute und klare Übersicht giebt Dr. LEONARD KOHN „Geschichtliches und Geographisches über den Kannibalismus". Ausland 1883. 1001. Aus dieser Übersicht habe ich im nachstehenden einiges entlehnt.

HERODOT[1], Jemand ein sehr hohes Alter erreicht, so kommen seine
nächsten Blutsverwandten zusammen und opfern ihn und mit ihm
mehrere Schafe. Nach vollbrachtem Opfer kocht man sowohl den
geopferten Anverwandten, als die geschlachteten Schafe und verzehrt
beide gemeinschaftlich. Die Massageten halten diese Behandlung
ihrer Anverwandten für ein großes Glück. Solche Personen jedoch,
die an Krankheiten sterben, verzehren sie nicht, sondern begraben
sie; dies wird aber als ein Unglück beklagt, da dem Gestorbenen
nicht die Ehre des Begräbnisses im Leibe seiner Verwandten zu
teil geworden. Gleichfalls nach HERODOT[2] war es unter den Nachbarn der Massageten, den Issedonen, Sitte, daß die Söhne nach
dem Tode der Väter Opfertiere schlachteten, dann die gestorbenen
Väter wie die geschlachteten Tiere zerstückelten, beides kochten und
verzehrten. Besonders aber hoben sie die Schädel der Verstorbenen
als große Heiligtümer auf, fassten sie in Gold und brauchten sie
bei ihren jährlichen Opfern. HERODOT nennt selbst in Indien mehrere
Völker[3], unter welchen entweder die Kinder ihre verstorbenen
Eltern verzehrten, oder wo man jeden kranken Verwandten bald um-
brachte, damit das Fleisch sich nicht verschlechtere, weil es zum
Verzehren bestimmt war. ARISTOTELES hebt die Anthropophagie
einiger Völker am Pontus hervor; es sei dieses, sagt er, tierische
Wildheit ($\vartheta\eta\varrho\iota\acute{o}\tau\eta\varsigma$), krankhaftes Gelüste wie bei den Schwangeren.
STRABO berichtet ganz ähnliches von den Derbikern in Margiana.
Sie erwürgen Greise, sobald sie das siebzigste Jahr zurückgelegt
haben und die Verwandten verzehren deren Fleisch. Alte Frauen
von gleichem Alter werden zwar erwürgt, aber nicht gegessen, sondern begraben.[4]

. Von Irland ('$I\acute{e}\varrho\eta$) erzählt STRABO[5], daß seine rohen Bewohner
„sowohl Menschen- als Vielfresser und und es für rühmlich halten,
ihre verstorbenen Eltern zu verzehren und sich öffentlich zu be-
gatten, sowohl mit andern Frauen, als mit ihren Müttern und
Schwestern. Doch auch dieses erzählen wir nur so, ohne glaubwürdige Zeugen zu haben; obgleich wenigstens die Menschenfresserei
auch eine Skythische Sitte sein soll und in Belagerungsnöten auch
die Kelten, Iberer und mehrere andere dasselbe gethan haben."
Desgleichen bemerkt DIODORUS SICULUS, daß unter den wilden Bewohner des Nordens und an den Grenzen Skythiens es Menschen-

---

[1] HERODOT I. 216.   [2] HERODOT IV. 26.
[3] HERODOT III. 38. 97. 99.   [4] STRABO p. 520 ed. Casaub.
[5] p. 201 ed. Casaubon.

fresser gäbe, wie unter den Briten, welche die Iris genannte Insel
(das heutige Irland) bewohnen.[1] Bei den blutigen Bacchanalen,
die Omophagien genannt wurden und die man alle drei Jahre be-
ging, geschah es nach dem Zeugnis des PORPHYRIUS[2] daß man,
namentlich auf Chios und Tenedos, einen Menschen gliedweise zer-
stückelte und dessen Fleisch roh verschlang. Aber nicht allein auf
Griechenland beschränkten sich solche Mysterienbräuche. Nach
SALLUST[3] tranken Catilina und seine Genossen zur Bekräftigung
ihres Bundes nicht bloß Menschenblut unter Wein gemischt, sondern
es wurde auch nach den bestimmten Versicherungen der Alten ein
Knabe geopfert, auf seine Eingeweide geschworen und davon gegessen.
JUVENAL redet von den Knabengedärmen, welche der Haruspex durch-
wühlt. Kleine Kinder zu religiösen Zwecken geopfert zu haben macht
HORAZ in seiner fünften Epode der vormals geliebten Canidia zum Vorwurf. Unter den christlichen Vätern erwähnt TERTULLIAN die Schauer-
lichkeit, wie man bis auf seine Zeit im Bunde des Jupiter Menschenblut getrunken.[4] JUVENAL, welcher unter Domitian nach Ägypten
verbannt wurde, warf auch den Ägyptern vor, dass sie den Genuß
von Menschenfleisch gestatteten.[5] Noch in die ersten christlichen
Jahrhunderte hinein hören wir die Beschuldigung des Kannibalismus
vorgetragen. Der heilige HIERONYMUS, welcher gegen Ende des
vierten und im Anfang des fünften Jahrhunderts schrieb, schildert
als Augenzeuge, daß die Atticoten sich von Menschenfleisch nährten
und den Busen der Weiber und den Hintern als besondere Leckerbissen genossen.[6]

---

[1] Editio DINDORF et MÜLLER. Paris 1855. p. 273.

[2] abst. II. 55.   [3] Catil. 22.

[4] Adv. gnost. c. 7. Et Latio in hodiernum diem Jovi media in urbe
humanus sanguis ingustatur.

[5] Sat. XV. Noch im 13. Jahrhundert werden die Ägypter, und zwar das
ganze Volk, der Menschenfresserei angeklagt. Damals bereiste ein Arzt aus Bag-
dad, ABD-ALLATIF, ihr Land: „Als die Armen Menschenfleisch zu essen begannen,
waren Abscheu und Erstaunen darüber so außerordentlich, daß die fürchterlichen Berichte nicht aufhörten, das Tagesgespräch zu bilden. Endlich gewöhnte
sich aber das Volk daran und erlangte solchen Geschmack an der schrecklichen
Nahrung, daß selbst reiche und geachtete Leute sie als gewöhnliche Speise zu
sich nahmen und selbst Vorräte von Menschenfleisch einlegten." Winwood
Reade, Savage Africa. London 1863. 157. Bei dem alten Kulturvolke der
Ägypter läßt sich dagegen keine Spur von Anthropophagie darthun.

[6] Sanctus HIERONYMUS, adversus Jovinianum. lib. II. t. IV. 2ª pars. p. 202
der Folioausgabe. Paris 1706. Quum ipse adolescentulus in Gallia viderim
Atticotos, gentem britannicam, humanis vesci carnibus; et quum per sylvas por-
corum greges et armentorum pecudumque reperiant, pastorum nates et femina-

Das Angeführte genügt immerhin, um das Vorhandensein der Anthropophagie im Gesichtskreise der Alten nachzuweisen und den Zusammenhang festzustellen, welcher zwischen den Kannibalen der vorgeschichtlichen Zeit und jenen der Gegenwart besteht. Eine nur zu reiche Ausbeute auf diesem Felde werden wir aber halten, wenn wir uns den Völkern der Gegenwart zuwenden und unsern Rundgang mit Asien beginnen.

Asien.

Malayischer Archipel. Die Zeugnisse für die Anthropophagie im indischen Archipel beginnen mit dem 13. Jahrhundert, mit MARCO POLO, welcher die verschiedenen Inseln desselben erwähnt und die sechs „Königreiche" von Giava minore (Sumatra) schildert, die er besuchte. Dagroian, sagt er, ist eins der Königreiche, welches eine besondere Sprache hat. Man erzählte mir von einem abscheulichen Gebrauche, daß, wenn einer krank ist, sie zum Zauberer senden, ob er wohl genesen könne; sagen diese Teufel nein, so schicken die Verwandten zu einem besonders dafür Angestellten, welcher den Kranken erwürgen muß. Hierauf schneiden sie ihn in Stücken, und die Verwandten verzehren ihn mit vielem Vergnügen, selbst bis auf das Mark der Knochen; denn — sagen sie — wenn irgend etwas von ihm übrig bleibt, werden daraus Würmer entstehen, welchen Nahrung mangelt und die so, zur großen Qual der Seele des Verstorbenen, sterben würden. Die Knochen werden dann in irgend eine Felsenhöhle getragen, damit die wilden Tiere sie nicht berühren können. Wenn sie einen Fremden gefangen nehmen, so verzehren sie ihn auch.[1] Ob nun hier speziell die heutigen menschenfressenden Batta gemeint sind, läßt sich nicht mehr nachweisen.

Die Anthropophagie hat sicher in früherer Zeit weit ausgedehnter als jetzt auf Sumatra geherrscht, und erst als der Islam sich an den Küsten verbreitete und eine Anzahl kleiner mohamme-

---

rum et papillas solere abscindere, et has solas ciborum delicias arbitrari. Daß diese Stelle sich auf Anthropophagie beziehe, ist bestritten worden (Archiv für Anthropol. IV. 252).

[1] I viaggi di Marco Polo. Ausgabe von LODOVICO PASINI. Venezia 1857. 157.

danischer Staaten entstand, wurden die Anthropophagen nach dem
Innern zurückgedrängt, wo wir nun in den Batta den letzten Rest
derselben finden. Es ist der Venetianer Nicolo di Conti, der uns
wohl die früheste bestimmte Nachricht bringt, daß die Batta ent-
schiedene Anthropophagen seien. Er hatte 25 Jahre lang Asien
bereist und erhielt 1444 vom Papste Eugenius IV. Absolution dafür,
daß er während dieser Zeit seinen Christenglauben verleugnet hatte.
Auf Sumatra verbrachte Conti ein Jahr, er berichtet, was damals
von großer Wichtigkeit, daß dort vortrefflicher Pfeffer wachse, und
daß in einem Teile des Landes, „Batech" genannt, das Volk
Menschenfleisch esse.[1]

Die Batta, ein vergleichsweise hochstehendes malayisches Volk,
mit eigentümlicher Schrift und Litteratur, bewohnen im Innern Su-
matras die Hochebenen von Tobah, Sipirok, Sikunna und erstrecken
sich nordwärts bis über Singkel, wo das Pupa- und Duragebirge die
Grenze zwischen ihnen und den Atschinesen bildet. Im Süden reichen
sie bis in die Gegend von Ajer Bangis. Bei ihnen ist die Anthropophagie, wie aus den mannigfachsten Zeugnissen hervorgeht, so eigentümlicher Art und entspringt aus so merkwürdigen Motiven, daß
wir hier etwas ausführlicher uns damit beschäftigen müssen. Oft
angezweifelt, hat William Marsden in seinem immer noch brauch-
baren Werke über Sumatra die Thatsache, daß die Batta immer
Anthropophagen sind, festbegründet.[2] Die Batta, sagt er, essen
nicht Menschenfleisch, um den Hunger zu stillen, oder aus Mangel
an anderen Nahrungsmitteln, ebenso wenig wird es, wie unter den
Neuseeländern, als ein Leckerbissen gesucht. Sie essen es bloß als
eine Art von Ceremonie, um ihren Abscheu gegen das Laster durch
eine schmähliche Strafe an den Tag zu legen und als einen schrecklichen Beweis des Hasses und der Verspottung ihrer unglücklichen
Feinde. Die Gegenstände dieser unmenschlichen Mahlzeiten sind
im Kriege gemachte Gefangene und Missethäter, die großer Verbrechen überwiesen sind. — — Nachdem das Urteil vollzogen, wird
der Unglückliche an einen Pfahl gebunden; das versammelte Volk
wirft seine Lanzen nach ihm in einer gewissen Entfernung, und
sobald er tödlich verwundet ist, laufen sie wüthend hin, schneiden

---

[1] Purchas His Pilgrims. The Third Part. London 1625. 128. — Was
Odoardo Barbosa (1516), Beaulieu (1622), de Barros (1558) u. a. über die
Anthropophagie der Batta sagen, mag nachgelesen werden in J. R. Forster
und M. C. Sprengel: Beiträge zur Völker- und Länderkunde. Leipzig 1783.
III, 298.

[2] Beschreibung der Insel Sumatra. Leipzig 1785, 387.

Stücken aus seinem·Leibe mit ihren Messern, tauchen sie in die
Schüssel mit Salz und Citronensaft, rösten sie ein wenig über einem
Feuer, das zu dem Zweck bereitet wird, und verzehren die Bissen
mit einem wilden Enthusiasmus. Zuweilen verzehren sie den ganzen
Körper, und man hat Beispiele, daß sie mit noch erhöhter Barbarei
das Fleisch mit den Zähnen abgerissen haben. Folgen bei MARSDEN
einzelne Belege.

Der Botaniker CHARLES MILLER, der gleichzeitig mit MARSDEN
über Sumatra schrieb[1], bestätigt gleichfalls, daß die Batta „Menschenfleisch eher zur Erschreckung der Feinde, denn als gewöhnliche Nahrung essen; demungeachtet ziehen sie es allem übrigen
vor und sprechen mit besonderer Entzückung von den Fußsohlen
und flachen Händen als herrlichen Leckerbissen".

Sehen wir hier nun Rachsucht als Ursache des Kannibalismus,
so erstaunen wir nicht wenig, wenn wir durch FRANZ JUNGHUHN
erfahren, daß die Menschenfresserei bei den Batta in einigen Fällen
sogar gesetzlich als Strafe vorgeschrieben ist und zwar dann, wenn
ein niedrig stehender Mann mit der Frau eines Radscha Ehebruch
getrieben hat, wenn Jemand sich des Landesverrats, der Spionage
oder Desertion zum Feinde schuldig gemacht und wenn ein Feind
mit den Waffen in der Hand gefangen genommen wird. Im letztern
Falle ist ein Auffressen bei lebendigem Leibe vorgeschrieben, in
den beiden erstern Fällen ein Verzehren, nachdem der Betreffende
getödtet worden ist.[2] Daß der Kannibalismus der Batta in der That
integrierender Teil des Adat (der Gesetzgebung) ist, bestätigt neuerdings Dr. S. FRIEDMANN[3], und der amerikanische Reisende ALBERT
S. BICKMORE[4] führt eine Reihe von Beispielen an, daß noch vor kurzem, aller holländischen Oberaufsicht zum Trotz, jene fürchterlichen
Gesetze streng ausgeführt werden. Eine Folge dieser fortgesetzten
Übung des Kannibalismus ist gewesen, daß ein Geschmack am
Menschenfleisch bei einzelnen Batta sich eingestellt hat, wie denn
der Radscha von Sipirok dem niederländischen Gouverneur von Pa-
daug versicherte, daß er zwischen dreißig- und vierzigmal Menschenfleisch gegessen, und daß er in seinem ganzen Leben nie etwas
genossen habe, das ihm halb so gut schmeckte.[5]

---

[1] Account of Sumatra. Philosophical Transactions vol. LXVIII. I. 1778. 161.
[2] FRANZ JUNGHUHN, die Battaländer auf Sumatra. Berlin 1847. II. 155 ff.
[3] Die ostasiatische Inselwelt. Leipzig 1868. II. 45 f.
[4] Reisen im ostindischen Archipel. Aus dem Englischen. Jena 1869. 323.
337. 338. 339.
[5] BICKMORE a. a. O. 323.

Auf den übrigen Inseln des malayischen 'Archipels dürfen wir die Anthropophagie größtenteils als eingegangen betrachten. Zwar herrschen dort barbarische Gebräuche, wie das Kopfschnellen, noch immer im ausgedehnten Maßstabe, aber Kannibalismus nicht mehr. Der Malaye zeichnet sich durch Blutdurst aus, ja er ist nach MÜLLER[1] der Kannibale *κατ' ἐξοχήν*; um so erfreulicher, daß die Menschenfresserei bis auf geringe Spuren im Archipel verschwunden ist. Zu PIGAFETTAS Zeiten scheint sie noch weiter verbreitet gewesen zu sein, denn er führt mehrere zu den Molukken gehörige Inseln — die sich heute nicht mehr identifizieren lassen —, ferner das Innere, damals noch von Heiden bewohnte Amboinas, endlich Buru an, wo Kannibalen hausen.[2] Mit dem Vordringen des Mohamedanismus ist die Anthropophagie auch hier ausgerottet worden.

Einst mag auch bei den Dajaks auf Borneo die Anthropophagie weit verbreitet gewesen sein; heute lassen sich nur verhältnismäßig geringe Spuren derselben nachweisen. Am schlimmsten scheint es hiermit noch bei den Kajans im Innern zu stehen, wie aus dem Zeugnisse SPENSER ST. JOHNS hervorgeht. Das Fleisch eines im Kriege gefallenen Feindes nahmen sie in Körben mit sich, um es Abends im Lager zu rösten und zu verspeisen. Als 1855 mehrere Muka-Leute in Bintulu hingerichtet wurden, versicherten einige Kajans sich des Fleisches, das sie brieten und verspeisten. *Perhaps to strike terror into their enemies*, sagt unsere Quelle.[3]

Von den Tring-Dajaks am Mahakkanflusse in Südostborneo giebt BOCK auf das entschiedenste an, daß sie Kannibalen seien. Augenzeuge ist er indessen nicht gewesen. Eine Tringpriesterin erklärte ihm, daß die innere Fläche der Hände, das Fleisch an den Knieen und das Gehirn die größten Leckerbissen seien; der Häuptling des Stammes berichtete, daß sein Volk nicht jeden Tag Menschenfleisch äße, dieses wäre nur ein Festmahl bei Schädeljagden.[4] Im Verein mit der letzteren Thatsache läßt sich hier Rachsucht als Motiv des Kannibalismus der Dajaks annehmen.

Von Celebes sagt BICKMORE, daß im Innern ein Kopfjägervolk wohne, welches die Küstenstämme Turaju nennen und das Menschen fressen soll. BARBOSA, dessen Werk 1516 erschien, und der mit MAGALHAES später ermordet wurde, behauptet ähnliches von allen

[1] Allgemeine Ethnographie. Wien 1873. 295.
[2] PIGAFETTA, Erste Reise um die Welt. In M. C. SPRENGEL „Beiträge zur Völker- und Länderkunde". Vierter Teil. Leipzig 1784. 138. 139. 141.
[3] SPENSER ST. JOHN, Forests of the far east. I. 123. 124.
[4] C. BOCK, Unter den Kannibalen auf Borneo. Jena 1882. 152. 153.

Einwohnern der Insel zu seiner Zeit. Er sagt, wenn sie nach den Molukken kämen, um Handel zu treiben, pflegten sie den König jener Inseln zu bitten, er möge die Güte haben, ihnen die Leute zu überlassen, die er zum Tode verurteilt hätte, damit sie an den Leichen solcher Unglücklichen ihren Gaumen befriedigen könnten, „als ob sie um ein Schwein bäten".[1]

Philippinen. Schon als die Spanier unter MAGALHAES nach den Philippinen kamen, finden wir bei deren Bewohnern wenigstens eine beschränkte Anthropophagie erwähnt. ANTONIO PIGAFETTA, der überlebende Reisegefährte des großen Seemanns und der Schilderer seiner Fahrten, berichtet nämlich[2]: „An einem Vorgebirge dieser Insel Buthuan und Callaghan (Busuagan und Calamianes?) erzählte man uns als eine zuverlässige Sache, daß an dem Ufer eines gewissen Flusses einige haarigte große Männer wohnten, die sehr tapfer mit Bogen und hölzernen Degen einer Hand breit stritten; und wenn sie einige ihrer Feinde getötet hatten, sogleich das Herz roh mit Pomeranzen- und Citronensaft fräßen. Diese haarigten Menschen heißen Benaian".

Den Namen Benaian finden wir wieder in Cap Benuian, der Nordspitze der Insel Mindanao, und es ist erlaubt, hierbei an den Stamm der Manobos zu denken, ein heidnisches malayisches Volk an der Ostküste von Mindanao. SEMPER[3] erzählt nämlich von ihren nächtlichen Überfüllen und fügt hinzu: „Ist der Feind glücklich niedergeworfen und getötet, so zieht der anführende Bangani (Priester) ein heiliges, nur diesem Dienste geweihtes Schwert, öffnet der Leiche die Brust und taucht die Talismane des Gottes, die ihm um den Hals hängen, in das rauchende Blut ein. Dann reißt er das Herz oder die Leber heraus und verzehrt ein Stück davon, als Zeichen, daß er nun seine Rache an dem Feinde befriedigt habe. Dem gemeinen Volk wird es nie gestattet, Menschenfleisch zu kosten; es ist das Vorrecht, aber auch die Pflicht des fürstlichen Priesters."

Desgleichen giebt JAGOR[4] uns Nachrichten, welche wenigstens das sporadische Vorkommen der Anthropophagie auf den Philippinen annehmbar erscheinen lassen. Er erzählt, daß fast in jedem größern Dorfe auf Samar und Leyte unter den Bisaya-Indiern ein oder mehrere Asuán-Familien wohnen, „die allgemein gefürchtet und ge-

---

[1] ABERT S. BICKMORE a. a. O. 70.
[2] PIGAFETTA a. a. O. 110.
[3] Dr. C. SEMPER, Die Philippinen und ihre Bewohner. Würzburg 1869. 62.
[4] F. JAGOR, Reisen in den Philippinen. Berlin 1873. 236.

mieden, wie Ausgestoßene behandelt werden und sich nur unter
einander verheiraten können. Sie stehen im Rufe Menschenfresser
zu sein. Vielleicht stammen sie von solchen ab? — Der Glaube
ist sehr allgemein und festgewurzelt. Darüber zur Rede gestellt,
antworten alte einsichtsvolle Indier, sie glaubten allerdings nicht,
daß die Asuánen jetzt noch Menschen fräßen, aber ohne Zweifel
hätten ihre Vorfahren es gethan".

Im Zusammenhang mit der bekannten Kopfjägerei, und Rachsucht als Beweggrund zeigend, steht eine kannibalische Gewohnheit
des Stammes der Gaddanen auf Luzon. Nach Dr. José de la
Campa entnehmen sie den abgeschlagenen Köpfen ihrer Feinde das
Gehirn, um es zu verzehren.[1] Die prähistorische Analogie für diese
Art der Anthropophagie scheint — bevor letztere bekannt war —
in den Höhlenbewohnern von Gourdan (Pyrenäen) durch Piette
nachgewiesen.[2]

Asiatisches Festland. Das asiatische Festland angehend,
so kommen auch hier einzelne Berichte vor, welche diese oder jene
Völkerschaft der Anthropophagie bezichtigen. Indessen hier kann
es sich nur um einen Nachhall früherer Unsitte handeln, oder einen
gelegentlichen Kannibalenschmaus aus Hungersnot. Vergebens aber
sehen wir uns nach Zeugnissen um, welche gewohnheitsmäßige
Anthropophagie bei einem asiatischen Volke — die Batta ausgenommen — heute bestätigen. Der Vollständigkeit halber wollen
wir indessen hier anführen, was wir an Andeutungen gefunden
haben. Staatsrat von Eichwald giebt an, daß noch im Jahre 1863
bei den Ostjaken infolge von Hungersnot das Verzehren von Kindern vorgekommen sei.[3] Derselbe will auch die Samojeden des
Kannibalismus bezichtigen, da der Name derselben sich aus dem
Russischen sehr gut als „Selbstesser" erklären läßt. Indessen bemerkt Fr. Müller[4] mit Recht, daß dieser Name der Volksetymo-
logie zu Liebe aus Samod entstanden sein dürfte, mit welcher
Bezeichnung noch gegenwärtig um Archangel die Samojeden von
den Russen bezeichnet werden. Er ist wahrscheinlich mit dem
Namen Suomi (Finne) und Same (Lappe) verwandt und datiert aus
der Zeit, wo Finnen, Lappen und Samojeden in unmittelbarer Nähe
zusammenwohnten. Die Kaschmiris berichten, daß die Darden

---

[1] Mitteilungen der Wiener anthropologischen Gesellschaft. Verhandlungen
1884. 53.
[2] Oben S. 4.
[3] Archiv für Anthropologie. III. 333.
[4] Allgemeine Ethnographie. 337. Anmerkung.

Anthropophagen seien, und ein Dardenstamm sagt dies dem andern nach, wiewohl dies nach LEITNER unbegründet ist; doch soll unter ihnen das Trinken des Blutes vom Feinde vorkommen.[1]

Auf Hörensagen beruhen die Angaben des Mönchs RUBRUK (RUBRUQUIS, RUYSBROEK), daß bis zu seiner Zeit (13. Jahrh.) die Bewohner von Tebec (Tibet) die abscheuliche Sitte gehabt haben sollen, die Eltern nach dem Tode zu verzehren, sie seien deshalb von den Nachbarn verabscheut worden.[2]

Afrika.

Guineaküste und Nigerdelta. Der verdiente Anthropologe WAITZ war geneigt, die Anthropophagie bei den Bewohnern Afrikas schon vor einem Vierteljahrhundert für fast eingegangen zu betrachten[3], und nur noch mit den Verleumdungen in Verbindung zu bringen, welche ein Negerstamm gern über den andern aussprengt. So führt er nur wenige auf die Westküste und das Nigerdelta bezügliche Beispiele an, ohne großen Wert darauf zu legen und bemerkt nur, daß wohl Feindschaft und Rachsucht die Triebfedern des einst weit verbreiteten Kannibalismus gewesen seien, wie der überall weit verbreitete Ausdruck „den Feind auffressen", d. h. zu Grunde richten, noch andeute.[4] Abgesehen jedoch von den zahlreichen Beispielen, welche neuere Reisende beibringen, lagen schon zu WAITZ Zeit gehäufte Beweise des Kannibalismus in Afrika vor, der dort noch immer eine klassische Stätte hat. Im mohammedanischen Afrika ist die Anthropophagie so ziemlich verschwunden und der Sudan kennt sie kaum. Sie tritt dagegen gleich in dem noch dem Fetischdienste ergebenen Küstensaume auf und reicht, mit geringen Unterbrechungen, von Sierra Leone bis an den Gabon und darüber hinaus.

---

[1] Dr. G. W. LEITNER, Results of a tour in Dardistan etc. Vol. I. Part. III. 9. Anmerkung. Lahore 1873.

[2] Recueil des voyages publié par la Société de Géographie. Paris 1839. IV. 289.

[3] WAITZ, Anthropologie der Naturvölker. Leipzig 1860. II. 166.

[4] LIVINGSTONE erwähnt z. B. diesen Ausdruck von den Bangwaketse. Missionsreisen und Forschungen in Südafrika. Aus dem Engl. Leipzig 1858. I. 106.

Daß es bei den Westafrikanern sich auch um reine Gefräßig-
keit und nicht nur um religiöse oder andere Beweggründe bei der
Anthropophagie handelt, dafür liegen die Beweise vor. T. J. Hutchinson, lange Jahre britischer Konsul in Westafrika, berichtet:
„Ich habe (1860) in einer in Sierra Leone erscheinenden Zeitung
gelesen, daß der Missionar Priddy mit eigenen Augen sah — nicht,
daß er bloß davon hörte — wie Körbe mit getrocknetem Menschenfleisch umhergeschleppt und der Inhalt zum Zwecke des Verzehrens
verkauft wurde. Das Fleisch stammte von Gefallenen aus einer
Fehde zwischen den Susu- und Timney-Stämmen. Die Thatsache
ist bei Gelegenheit der 67. Jahresversammlung der Missionsgesell-
schaft konstatiert worden und sie hat sich ereignet in einer unserer
Kolonieen, auf welche unsre Regierung schon 8 Millionen verwendet
hat." Auf einem Palmölhulk bei Bonny (Nigermündung) wurde, in
Gegenwart des Kapitän Straw, ein Ju-ju-Mann von Hutchinson
wegen seines notorischen Kannibalismus und darüber, daß er am
Tage zuvor einen Menschenkopf, der als Leckerbissen galt, verzehrt
habe, zur Rede gestellt. Kaltblütig antwortete er: *I no eat him,
for my cook done spoil him; he no put nuff pepper on him.* Also
weil der Koch den Kopf nicht genug gepfeffert hatte, verschmähte
ihn der Kannibale. [1]

Wenn Hutchinson auch das Hinterland von Liberia als Stätte
des Kannibalismus anführt, so spricht er nicht aus eigener Erfah-
rung. An und für sich erscheint die Sache nicht unwahrscheinlich,
wir bemerken nur, daß der amerikanische Neger Anderson, der es
bereiste und ein Buch darüber schrieb, durchaus nichts von Anthropophagie in jenen Gegenden berichtet.

Der französische Viceadmiral Fleuriot de Langle, ein ge-
nauer Kenner der afrikanischen Westküste, bringt Belege bei, daß
die Schwarzen im Hinterlande von Bassam (Guineaküste) ihre Kriegsgefangenen verzehren. „Jene von N'diou sind Fremde, die, so
sagte man mir, aus dem Gebirge herabkommen. Sie gehören zu
den Bambaras. Die Quaquas haben gleichfalls diesen abscheulichen
Gebrauch, und er mangelt auch nicht den Bourbourys, sie haben
acht senegal'sche Jäger verschlungen, die sie aus einem Hinterhalt
gefangen nahmen, und man mußte diesen Schimpf durch Verbren-
nung von Badou, Mapoyenne u. s. w. rächen." Ein gewisser Pieter,

---

[1] Transact. Ethnolog. Soc. New Series. I. 338. (1861). Die erwähnte
afrikanische Zeitung ist der zu Freetown erscheinende „African" vom 5. April
1860. Hutchinson, Ten years wanderings among the Ethiopians. London. 1861. 58.

der in FLEURIOT DE LANGLE s Berichten eine Rolle spielt, war zu
zehn Unzen Strafgeld verurteilt worden, weil er einen seiner Sklaven
aufgefressen hatte. [1] Die Sache ist dort übrigens nicht neu, denn
von Groß-Bassam an der Guineaküste berichtet bereits HECQUARD,
daß die dortigen Neger noch aus Aberglauben gelegentlich Kannibalen seien. So findet bei der Gründung eines neuen Dorfes ein
Menschenopfer statt; aus den Eingeweiden des Geopferten weissagen
die Fetischeros; Herz, Leber und die übrigen Eingeweide werden
mit einer Henne, einer Ziege und einem Fische gekocht und alle
Festteilnehmer sind dann gezwungen, von dem Mahle zu essen.
Solche Fälle ereigneten sich noch 1850. [2]

Bei den Aschanti ist Anthropophagie nur eine sehr vereinzelte
Erscheinung, die keineswegs auf das ganze Volk sich ausdehnt und
wenn sie vorkommt, auf Aberglauben zurückzuführen ist. BOWDICH,
dessen Werk über Aschanti auch heute noch eine der vorzüglichsten
Quellen über dieses Land ist, erzählt folgendes: „Die Fetischmänner, die der Armee folgen, schneiden einigen Feinden das Herz
aus, und nach vielen Zeremonien und Verzauberungen mit allerlei
geweihten Kräutern essen alle die, welche noch nie zuvor einen
Feind getötet haben, einen Teil davon; denn man sagt, wenn sie
es nicht thäten, so würde ihre Kraft und ihr Mut im Geheimen
durch die Geister der Gebliebenen gequält werden. Man sagt, daß
der König und alle die Großen das Herz eines berühmten Feindes
unter sich teilten; doch flüsterte man sich dies nur zu. Dagegen
rühmten sie sich, die kleineren Gebeine und Zähne des erschlagenen Monarchen bei sich zu tragen. Man zeigte mir einen
Mann, der das Herz des Feindes, den er getötet hatte, immer
auffraß." [3]

So wenig Wert wir hierauf legen, um im allgemeinen die
Aschanti als Anthropophagen zu erklären, eben so gering sind die
Anhaltepunkte, die benachbarten Dahomeher denselben beizugesellen,
so übel berüchtigt sie auch sonst wegen ihrer Menschenopfer sind.
Zwar erzählt ROBERT NORRIS [4], daß bei gewissen Menschenopfern
„der Körper des preisgegebenen fast ganz aufgefressen werde",

---

[1] FLEURIOT DE LANGLE im Tour du Monde. Bd. XXVI. 382. 374.
[2] H. HECQUARD, Reise an die Küste und in das Innere von Westafrika.
Leipzig. s. a. 49.
[3] Mission von Cap Coast-Castle nach Ashantee von T. EDWARD BOWDICH.
Aus dem Englischen. Weimar 1820. 402.
[4] ROBET NORRIS, Reise nach Abomey im Jahre 1772. In M. C. SPRENGELS
Beiträgen zur Länder- und Völkerkunde. XIII. 285. Leipzig 1790.

indessen wollen wir diese vereinzelte Nachricht auf sich beruhen lassen, zumal andere Berichterstatter, die in Abomeh die „großen Gebräuche" mit ansahen, wohl der Schauderdinge genug erzählen, von Anthropophagie indessen nichts wissen. Manches deutet jedoch darauf hin, daß die Dahomeher ehemals Anthropophagen waren. Der dänische Arzt ISERT erzählt, daß noch zu seiner Zeit (zweite Hälfte des vorigen Jahrhunderts) der König von Dahomeh in das in einer Schale aufgefangene Blut der beim Jahresfeste hingerichteten Schlachtopfer einen Finger tauchte und diesen ableckte. ISERT vermutet hierin wohl mit Recht einen letzten Rest, gleichsam ein Sinnbild der ehemaligen Menschenfresserei.[1]

Wir führen gern alle Zeugnisse an, welche bei der Anschuldigung der Anthropophagie entlastend wirken können; bei der Gegend, der wir uns jedoch nun nähern, dem Nigerdelta, Calabar u. s. w., vermögen wir nur in den schwärzesten Farben zu schildern, wobei sehr unverdächtige und mit dem Lande durch viele Jahre hindurch vertraute Männer unsre Führer sind: Consul HUTCHINSON und der schwarze Bischof S. A. CROWTHER.

HUTCHINSON[2] erzählt, daß Consul CAMPBELL aus Lagos ihm geschrieben habe, wie die Edjo (Edschu) im Nigerdelta allgemein als Kannibalen gelten. In Brass und Bonny (beide im Nigerdelta) verzehre man alle Kriegsgefangenen, in dem Wahne, dadurch tapferer zu werden. Consul HUTCHINSON bezweifelte die Thatsachen, bis es ihm gelang, sich durch den Augenschein von der Richtigkeit zu überzeugen.

Ich mußte, schreibt er (in den ersten Monaten des Jahres 1859), amtlich Bonny im Nigerdelta besuchen. Insgeheim wurde mir mitgeteilt, daß dem Jujuhause gegenüber ein Mann geschlachtet und der Körper verzehrt werden sollte. Dieser Mann hatte einen Sklaven, der beim Palmölhandel beschäftigt war, ermordet; die Leiche war in voriger Woche an einem der Creeks des Hamballalandes verzehrt worden. Die Neger hielten die Sache geheim, und kein Weißer durfte davon wissen. HUTCHINSON wußte sich zu verbergen und sah, wie am andern Morgen das Schlachtopfer hingerichtet wurde. „Der Henker ging fort und alle sprangen auf mit einem Geheul und Geschrei, wie man es von wilden Tieren hört. Sie stürzten auf den geschlachteten Mann zu, schwenkten ihre großen Messer in der Luft

---

[1] LABARTHES Reise nach der Küste von Guinea. Aus dem Französischen. Weimar 1803. 238.

[2] Ten years wanderings among the Ethiopans. 66.

umher und schnitten Stücke ab. Ich glaubte mich an das jenseitige
Ufer des Styx versetzt, ich sah schwarze Geschöpfe in Menschenge-
stalt wie gierige Geier. Selbst Knaben und Mädchen trugen Fleisch-
stücke, von welchen das Blut herabträufelte und den Weg bezeich-
nete. Ein Weib riß einer andern Frau zankend und schreiend
einen Bissen weg. Fleisch von einem Manne, der vor wenigen
Minuten noch unter den Lebenden war. Nachdem das Fleisch verteilt war, trug man die Eingeweide fort. Diese waren für die
Iguana, die große Eidechse, bestimmt, die ein Schutzgeist des
Volkes von Bonny ist. Bevor ich meinen Schlupfwinkel verließ,
fragte ich mich, ob ich denn meinen eigenen Augen trauen konnte?
Das Alles geschah im Jahre 1859 nach Christi Geburt, bei Leuten,
unter welchen der europäische Handel seit länger als einem halben
Jahrhundert seinen ‚civilisierenden‘ Einfluß übt.[1]

Als Ergänzung hierzu führen wir noch folgendes an: Ein un-
genannter britischer Seeoffizier, welcher sich außerordentlich vertraut
mit den Verhältnissen an der afrikanischen Westküste gezeigt hat,
berichtete gelegentlich des Aschantikriegs wiederholt über den Kannibalismus, der im Nigerdelta herrscht, an die „Times“. „John Jumbo
(in England erzogener Sohn des mächtigsten Bonnyhäuptlings) erzählte mir, daß Ja Ja's Leute ihre gefangenen und erschlagenen
Feinde gleich als Rationen behandelten, und Kapitän HOPKINS (englischer Konsul für die sogenannten ‚Oelflüsse‘) sah, wie sieben Mann
ganz nahe bei Bonny getötet, gekocht und gefressen wurden vor
zwei oder drei Jahren. König Georg Peppel (von Bonny) liebt dies
nicht, ebenso wenig seine Häuptlinge.[2] Doch es ist schwer, die
Eingeborenen in den Landdistrikten von einer gelegentlichen Mahlzeit „Menschen-Beefsteak“ abzuhalten, die, wie ein Bonny-Häuptling
sich äußerte, entschieden dem „Ochsen-Beefsteak“ *(beefee-beefee)*
vorzuziehen sei. Doch der Kannibalismus verliert entschieden an
Popularität und wird wohl mit der gegenwärtigen Generation aufhören.“[3]

Endlich die Zeugnisse des Missionsbischofs SAMUEL CROWTHER,

---

[1] HUTCHINSON a. a. O.

[2] Vor Zeiten ist König Peppel indessen selbst Menschenfresser gewesen; er
hat mit vielem Behagen das Herz des von ihm gefangenen Königs Amakri von
Neucalabar verzehrt. So berichtet der „Fellow royal geograph. society“, nämlich
RICHARD BURTON in seinen Wanderings in Westafrica from Liverpool to Fernando
Po. London 1863. II. 280. Dort mag man noch mehr über die Anthropophagie
im Negerdelta nachlesen.

[3] The Mail (Times) vom 26. Dezember 1873.

der alljährlich den Niger von der Mündung aufwärts bis zum Benué befuhr, dessen Berichte im „Church Missionary Intelligencer" regelmäßig abgedruckt wurden und fast jedesmal von Klagen überströmen, wie der Satan unter den Schwarzen noch seine Hand im Spiele habe. „Wenige Schritte von unserer zeitweiligen Schulhütte, so schreibt er, steht hier in Bonnytown das große Jujuhaus. Auf den Pfosten der Eingangsthüren, an den Wänden und dann im Innern sieht man als Schmuck und Verzierung des Götzenhauses Hunderte von Menschenschädeln aufgestellt. Man sagt, sie seien von Kriegsgefangenen, welche dem Juju geopfert wurden; das Fleisch wurde verzehrt, weil man dadurch Rache an den Feinden zu nehmen gedachte. Draußen, der Vorderseite gegenüber, befand sich ein etwa sechs Fuß hohes Gerüst, auf welchem die Knochen der Geopferten lagen. — — Ueberall an der Bucht von Benin ist es während der letztverflossenen Monate sehr unruhig gewesen. Brass, Bonny und Okrika führten Krieg gegen Neucalabar. Auf einem Zuge gegen den Feind machten die Leute von Neucalabar 45 Gefangene. Diese alle wurden getötet und gefressen. Die einzelnen Glieder sind unter das Volk, Alt und Jung, Weiber und Männer verteilt worden. Jeder trug seinen Anteil ganz offen nach Hause; mehrere Supercargos, welche von den Schiffen nach Hause kamen, sind Augenzeugen gewesen. Man macht auch gar kein Hehl aus der Sache. Bei einer andern Gelegenheit nahmen die Krieger der Okrika den Neu-Calabaresen 103 Gefangene ab, und zur Wiedervergeltung wurden diese allesammt totgeschlagen und dann aufgefressen."[1]

Daß der Kannibalismus vom Nigerdelta aus am Strome weiter aufwärts reiche, dafür finden wir ebenfalls in CROWTHERS Berichten manche Belege. Von seiner Reise im Jahre 1872 erzählt er unter andern von Onitscha (linkes Ufer unter 6° 10' N.): „Ein europäischer Matrose starb in der Faktorei und wir suchten einen Begräbnisplatz für ihn. Da noch niemand im Friedhofe unsrer neuen Kirche beerdigt war, so ließ ich das Grab dort graben und den Toten nach dem Ritus der Kirche von England bestatten. Nachdem dies geschehen, erzählten uns einige Mitglieder der Gemeinde, daß wenn das Grab nicht mindestens eine Woche vor einem benachbarten Stamme geschützt würde, der kannibalische Gewohnheiten

---

[1] The Curch Missionary Intelligencer. Juli 1866. 223. Auch HUTCHINSON erwähnt die Metzeleien zwischen Okrika und Neu-Calabaresen und erzählt abscheuliche Einzelheiten, wie Suppen aus rotem Pfeffer, Palmöl und Menschenfleisch gekocht wurden!

habe und Obotschi heiße, dieser sicher den Sarg ausgraben und
den Leichnam verzehren würde. Auf diesen Wink hin gab ich dem
Agenten des Handelshauses Auftrag, eine Woche lang Wächter auf
dem Kirchhof während der Nacht aufzustellen, damit das Heran-
kommen der Kannibalen verhindert werde. Das ist das Volk, welches wir zum Christentum bekehren sollen!"[1] Auch Robins, der
1864 die Nigerexpedition auf dem „Investigator" mitmachte, sagt,
der ganze untere Lauf des Stroms bis Onitscha aufwärts sei von
Kannibalen bewohnt.[2] Noch weiter östlich, am Altcalabar, hausen kannibalische
Stämme. Wie Hutchinson angiebt, wurde im Jahre 1859 zu Duke-
town (Atarpah, linkes Ufer jenes Flusses) auf öffentlichem Markte
Menschenfleisch zum Verkaufe ausgestellt, gerade wie Ochsenfleisch
auch.[3]
Spuren des Kannibalismus zeigen sich auch in den Hinterlanden
des Niger und Benue. Die Tangale, ein heidnischer Negerstamm
im Süden von Jakoba in Bautschi, sind nach Eduard Vogel, der
sie 1855 besuchte, „wilde Bursche, die Menschenfleisch allem andern
vorziehen. Sie essen alle im Kriege erlegten Feinde, die Brust
gehört dem Sultan, der Kopf als der schlechteste Teil wird den
Weibern übergeben."[4]

Äquatoriales Westafrika. Unzweifelhaft ist auch das
äquatoriale Westafrika eine Stätte der Anthropophagie. Schon bei
den alten Schriftstellern, wie Battel und dem Compilator Dapper,
finden wir verschiedene darauf bezügliche Stellen, und Huxley
macht darauf aufmerksam, daß in Ph. Pigafettas Uebersetzung
von Edoardo Lopez „Regnum Congo" (Frankfurt 1598) von dem
landeinwärts vom Ogowé wohnenden Anziquen[5] die Rede ist, welche
einander essen und weder Freunde noch Verwandte schonen. „Ihre
Fleischerläden, so heißt es in dem Bericht, sind mit Menschenfleisch
gefüllt statt mit Ochsen- oder Schaffleisch; denn sie essen die
Feinde, die sie im Kampfe gefangen nehmen. Sie mästen, schlachten
und verzehen auch ihre Sklaven, wenn sie nicht glauben, einen
guten Preis für sie noch zu erhalten; überdies bieten sie sich zuweilen aus Lebensmüdigkeit oder Ruhmsucht — denn sie halten es

[1] The Curch Missionary Intelligencer. Februar 1873. 48.
[2] Transact. Ethnolog. Soc. New Series. V. 83.
[3] Hutchinson a. a. O.
[4] Zeitschrift für allgemeine Erdkunde. VI. 482. 484 (1856).
[5] Unter dem Namen Anziko versteht man heute an der Loangoküste den
Gorilla. Correspondenzblatt der Afrikanischen Gesellschaft. 1873. 36.

für etwas Großes und für das Zeichen einer edlen Seele, das Leben
zu verachten — selbst als Speise an. Es giebt allerdings viele
Kannibalen, wie in Ostindien, in Brasilien und anderswo, aber keine
solchen wie diese; denn die andern essen nur ihre Feinde, diese
aber ihre eigenen Blutsverwandten."[1]

Dieser offenbar übertriebene Bericht ist denn auch mit einer
Illustration versehen, die von den Gebrüdern DE BRY herrührt, und
bei der ein Frankfurter Metzgerladen als Modell gedient hat; nur
daß hier statt der Teile von Ochsen oder Schweinen menschliche
Glieder zur Schau gestellt sind.

Auch EDWARD BOWDICH, derselbe, der sich durch seine Reise
nach Aschanti um die Völkerkunde verdient machte, bringt uns Belege für den Kannibalismus der Völker am Gabon. Einige Tage-
reisen weit im Innern, erzählt er, liegt das Land Kaylee, dessen
Bewohner eine vergleichsweise hohe Stufe einnehmen; aber sie sind
Menschenfresser und essen nicht allein ihre Gefangenen, sondern
auch ihre Toten, deren Leichname sogleich nach ihrem letzten
Atemzuge feilgeboten werden. Häufig ißt ein Vater sein eigenes
Kind. Geflügel und Ziegen giebt es hier in Menge, aber sie
werden nicht gegessen, so lange man noch Menschenfleisch haben
kann.[2]

BOWDICHS „Kaylee" vermag ich mit keinem Völker- oder
Ländernamen auf unsern heutigen Karten zu identifizieren, indessen
dürfte der immerhin übertriebene Bericht auf die Fan zu beziehen
sein. Als DU CHAILLU deren grauenvollen Kannibalismus betonte
und das erzählte, was er mit eigenen Augen gesehen, erhob sich
arges Kopfschütteln. Und doch hatte er nichts neues gesagt.[3]

Als DU CHAILLU von der Corisco-Bai aus vordringend auf die
ersten Fandörfer traf, begegneten ihm sofort Spuren von Kannibalismus; er traf ein altes Weib, das einen Menschenschenkel
schleppte, „gerade als wollte sie zu Markte damit gehen", und in
einem Palaverhause war ein Körper verteilt worden; der Kopf

---

[1] HUXLEY, Zeugnisse für die Stellung des Menschen in der Natur. Braunschweig 1863. 62. 63. Ein übereinstimmender Bericht bei DAPPER, Beschreibung
von Afrika. Amsterdam 1670. 538.
[2] EDWARD BOWDICH a. a. O. 543.
[3] Wenn H. ZÖLLER neuerdings (Deutsche Besitzungen an der westafrikani-
schen Küste. IV. 95. 97) sagt: „Das meiste, was über die kannibalischen Sitten
der Fan gesagt wird, halte ich für erdichtet" und „die Fan stehen in dem
wahrscheinlich ungerechtfertigten Rufe, Menschenfresser zu sein", so ist die
Widerlegung dieser Ansicht im folgenden enthalten.

wurde für den König aufbewahrt.[1] Später sah er beim Fankönige
Ndiayai, wie der Leichnam eines Menschen, der an einer Krankheit
gestorben, zum Verspeisen verteilt wurde, worüber er sich nicht
wenig entsetzte. „Sie sprachen frei und offen über die ganze Sache
und man sagte mir, daß sie regelmäßig die Toten der Oscheba
kaufen, die umgekehrt wieder die ihrigen kaufen. Sie kaufen auch
die Toten anderer Familien ihres eigenen Stammes und erhandeln
die Körper vieler Sklaven von den Nbichos und Mbondemos, wofür
sie gern Elfenbein geben, einen kleinen Stoßzahn für einen Leichnam.“ Auf die Autorität des Missionars WALKER am Gabon gestützt, erzählt Du CHAILLU ferner, daß Fan, die aus dem Innern
an den Gabon kamen, dort einen frischbegrabenen Toten ausgruben,
kochten, verzehrten. Andre räucherten das Fleisch eines Menschen
und nahmen es mit sich als Vorrat. Ohne alle Scham und Scheu
betreiben sie die Menschenfresserei ganz offen; Du CHAILLU sah bei
ihnen hochgeschätzte Messer, deren Heft mit Menschenhaut über-
zogen war.[2] Noch weiter nach dem Innern hin verzeichnet Du
CHAILLU außer den bereits erwähnten Oscheba auf seiner Karte
noch die Moschobo als Kannibalen.

Mag einige Färbung in diesen, übrigens mit BOWDICH überein-
stimmenden Erzählungen unterlaufen, so sind sie nichtsdestoweniger
im allgemeinen wahr, und an Kontrolle fehlt es keineswegs. WIN-
WOOD READE berichtet ähnliches, und er bestätigt ausdrücklich die
Geschichte, daß die Fans am Gabon Leichen ausgegraben und verzehrt haben. Nur darin weicht er von Du CHAILLU ab, daß er
angiebt, die Fan schämten sich ihres Kannibalismus und jedes
Dorf schiebe die Sache auf sein Nachbardorf. Doch bleibt die
Thatsache selbst dadurch unberührt, und im Gespräch mit einem
„Veteran-Kannibalen“ erfuhr er, daß Menschenfleisch so gut und
fett wie Ochsenfleisch sei. Der Alte verneinte aber auf das be-
stimmteste, daß die Fan ihre Verwandten verzehrten, obgleich alle
Nachbarstämme dies von ihnen behaupten.[3] Jene Menschenfresser
ihrerseits hielten alle Weißen für Kannibalen und glaubten fest,

---

[1] PAUL B. DU CHAILLU, Explorations and Adventures in equatorial Africa.
London 1861. 74.

[2] DU CHAILLU a. a. O. 88.

[3] W. WINWOOD READE, Savage Africa. London 1863. 159. Auch O. LENZ
(Skizzen aus Westafrika. 89) sagt, dass die Fan bis zum heutigen Tage Kannibalen seien, doch würde Menschenfleisch nur bei Feierlichkeiten verzehrt. Alles
aber, was sich auf Anthropophagie beziehe, würde heimlich betrieben. Vergl.
auch PETERMANNs Mitteilungen. 1875. 128.

daß die Sklaven nur darum von ihnen fortgeführt würden, um in fernen Landen verspeist zu werden. „Warum die Schwarzen besser als die Weißen schmeckten", wurde WINWOOD READE gefragt, worauf er „aus Politik" zur Antwort gab, das Fleisch der Weißen sei giftig.[1]

Wäre noch weitere Bestätigung des Kannibalismus der Fan notwendig, so finden wir diese bei französischen Reisenden. Der Marinearzt Dr. GRIFFON DU BELLAY, der mit dem Lieutenant SERVAL mehrere Fahrten vom Gabon aus ins Innere machte und von 1861 bis 1864 vollauf Gelegenheit hatte, die Fan kennen zu lernen, giebt uns weitere bestätigende Nachrichten, indessen mit dem Zusatze, die Fan hielten die Sache geheim und schlössen selbst ihre Kinder bei den Kannibalenschmausereien aus.[2] Nach GRIFFON DU BELLAY sind auch die Bakalai am Gabon Anthropophagen.[3]

Noch weiter südlich treffen wir in Angola auf die Kissama (Quissama) am Koanza, die 1870 CHARLES HAMILTON besuchte. Unter diesem Volke fand der Reisende noch Kannibalen „weiter nach dem Innern hin": bei denjenigen Kissama jedoch, welche am Koanza und dessen Nähe wohnen, kommt die Anthropophagie nur selten vor. Die wenigen Menschenfresser, mit welchen Hamilton in Berührung kam, sahen häßlich und ungesund aus. Interessant ist es von Hamilton zu erfahren, daß die Menschenfresserei, ähnlich wie bei den Batta auf Sumatra, bei den Kissama als eine Strafe ausgeübt wird. Wer unter den Kannibalen seine Schulden nicht bezahlen kann, oder wer ein Verbrechen begangen hat, wird ohne weiteres getödtet und verzehrt. In neuer Zeit kommt es aber vor, daß „die Aufgeklärteren" dem Verbrecher die Wahl lassen, ob er sterben oder als Sklave an die Portugiesen verkauft werden

---

[1] Der Glaube, daß die Weißen die schwarzen Sklaven des Fleisches wegen zum Verzehren exportierten, ist an der Guineaküste weit verbreitet gewesen. Überhaupt haben die Wilden uns oft für Menschenfresser angesehen. Der Franzose LAMBERT erzählt dies von Futa Djalon, wo ihm die Fuhlas alle Einzelheiten berichteten, wie wir Europäer unsere Kannibalenschmäuse einrichten. Freiherr VON WREDE wurde 1843 im Wadi Schura in Hadhramaut belehrt, daß der Kaiser von Rußland eine Leibgarde von 7000 Menschenfressern unterhalte (Reise in Hadhramaut. Braunschweig 1870. 71). ALOISIUS DA CADAMOSTO, der 1455 in den Gambia einlief, hörte dort von den Schwarzen, die Christen fräßen Menschenfleisch und würden nicht so viele Sklaven kaufen, wenn es nicht in der Absicht, sie zu fressen, geschähe. (CADAMOSTOS Reise, aus dem Italienischen übersetzt in SPRENGELS Beiträge zur Völker- und Länderkunde. XI. '161. Leipzig 1789.)

[2] Tour du Monde. XII. 308 (1865).

[3] Tour du Monde. XII. 309.

wolle; in der Regel zieht er den Tod vor, denn die Portugiesen
sind außerordentlich verhaßt.[1] Es ist das Innere des portugiesischen
Westafrika von altersher ein bevorzugter Boden für die mit Anthropophagie verknüpften Greuel gewesen, denn dort war der Sitz der
mit Sagen umwobenen Jagas, worunter Herrscher und Volk ver-
standen werden.

Mit Opfergebräuchen vermischt ist die gelegentliche Anthropophagie bei den Kimbunda (portugies. Westafrika). Damit die
Regierung des Fürsten glücklich ausfalle, wird der Ouri-Kongo geopfert, der tapferste unter allen Kriegsgefangenen. Durch das Verzehren seines Fleisches wird auch der Fürst tapfer. Ladislaus
Magyar berichtet als Augenzeuge: Der Wahrsager zerlegt den
Rumpf, reißt die Eingeweide heraus und wahrsagt daraus. Dann
werfen seine Gehilfen die Eingeweide weg, mit Ausnahme des
Herzens. Endlich wird der Kadaver in kleine Stücken zerschnitten
und unter den anwesenden Hokaführern verteilt, wobei der Wahrsager Sorge trägt, daß jeder außer dem Stück Fleisch auch etwas
vom Herzen bekomme (wohl weil letzteres als Sitz der Tapferkeit
gedacht ist). Der Fürst und die Kriegshäupter mischen das erhaltene Menschenfleisch mit Hunde- und Rindfleisch, kochen es an
den vielen Feuern und essen es. Sie glauben nun infolge dessen
eine solche Kraft zu erlangen, daß sie immer mit Erfolg gegen
ihre Feinde kämpfen werden.[2]

Menschenopfer mit Anthropophagie verknüpft fanden am Hofe
der Jagas bei der Sambamento genannten Festlichkeit noch zur
portugiesischen Zeit in Kassanje statt. Wenn der Nicango, das
Schlachtopfer, auserwählt war, wurde er bei Hofe mit denselben
Ehren wie der Fürst selbst behandelt, ein Verfahren, daß wir auch
anderweitig bei den dem Tode geweihten Opfern finden (Mexiko,
Brasilien). Am Tage des Festes wurde der Nicango vor den Jaga
geführt mit dem Rücken dem letzteren zugewendet, worauf der
Jaga mit einem halbmondförmigen Messer den Rücken des Nicango
durchschnitt, bis er zum Herzen gelangt, das er herauszog. Er
nahm einen Bissen davon, den er dann wieder ausspuckte und ließ
dann das Herz verbrennen. Unterdessen hielten die Macotas (Hof-
würdenträger) das Schlachtopfer so, daß·sein Blut über die Brust
und den Bauch des Jaga strömte; nachdem dieses geschehen, rieben
sie sich selbst den Körper damit ein, dabei ausrufend: Groß ist

---

[1] Journal of the Anthropological Institute. London 1872. I. 187.
[2] L. Magyar, Reisen in Südafrika. Pest 1859. I. 275.

der Jaga! Der Leichnam des Nicango wird dann abseit enthäutet, in kleine Stücken zerhackt und mit Ochsen-, Hunde- und Hühnerfleisch zusammen gekocht. Dieses Gericht wird zuerst dem Jaga, dann seinen Würdenträger und zuletzt allem Volk zur Speise vorgesetzt. Wer sich weigert davon zu essen, verfällt der Sklaverei. Mit Gesang und Tanz endigte das Sambamentofest. Früher erhielt auch der portugiesische Direktor der Messe in Kassanje sein Teil von dem Gericht, wofür er ein Fäßchen Branntwein spendete.[1]

Südafrika. Erst in der letzten Zeit haben wir Nachrichten von dem Vorhandensein der Anthropophagie auch an der Südspitze Afrikas erhalten, und die Kannibalenhöhlen im Basutolande haben nicht geringes Aufsehen erregt. Das Basutoland liegt zwischen dem Oranjefreistaat und den englischen Besitzungen mitten inne und war der Schauplatz fortwährender Kriege zwischen den Weißen sowohl und den Basuto, als zwischen eingebornen Stämmen selbst. Während der Verwilderung und Hungersnot, die infolge dieser Kriege eintrat, soll erst der Kannibalismus entstanden sein. Die ausführlichsten Nachrichten über denselben erhielten wir durch JAMES HENRY BOWKER, Dr. BLEEK und Dr. JOHN BEDDOE.[2] BOWKER besuchte 1868 eine der Höhlen, die in der Nähe der verlassenen Missionsstation Cana gelegen ist. „Der Eingang, sagt er, liegt unter weit vorstehendem und überhängendem Gestein und bildet so ziemlich in der ganzen Breite der Höhle einen weiten, von der Natur gewölbten Bogen. Die Länge der Höhle beträgt etwa 130, die Breite 100 Ellen. Die hohe, gewölbte Decke ist von Rauch und Ruß geschwärzt; auf dem Fußboden lagen ganze Haufen von Menschenknochen umher, teils förmlich aufgeschichtet, teils überall zerstreut. Auch vor der Höhle lagen auf dem Abhange, soweit das Auge reichen konnte, Knochen und Schädel umher, letztere in außerordentlich großer Menge und zumeist von Frauen und Kindern. Sie waren vermittels stumpfer Äxte oder auch geschärfter Steine in Stücke geschlagen worden, gleich den Markknochen, welche man dann der Länge nach gespalten hatte. Nur an einigen wenigen waren Spuren von Feuer zu bemerken; die Höhlenmänner zogen das Kochen dem Braten vor.

„Man kann sich denken, unter welcher Aufregung ich diese düstere Höhle untersuchte. Der Führer geleitete mich an eine

[1] TRAVASSOS VALDEZ, Six years of a traveller's Life, in Western Africa. London. 1861. II. 159.

[2] The Cave Cannibals of South Africa. Anthropological Review. VII. 121 (1869).

Stelle, wo einige rauhe, unregelmäßige Stufen in eine dunkle Ga-
lerie führten; dort wurden die Schlachtopfer aufbewahrt, bis an sie
die Reihe kam. An ein Entrinnen von dort war nicht zu denken.
Bei Wilden, welche etwa durch Hungersnot zum äußersten getrieben
werden, um ihr nacktes Leben zu fristen, findet der Kannibalismus
eine Erklärung. Mit dem Volke hier aber verhält sich die Sache
ganz anders. Diese Menschen bewohnen ein fruchtbares Land, in
welchem auch Wild in Menge vorhanden ist. Aber trotzdem machten
sie nicht bloß Jagd auf ihre Feinde, um dieselben aufzufressen,
sondern sie verzehrten sich untereinander, sie machten Gefangene
von ihrem eigenen Stamme, und wenn eben keine anderen Schlachtopfer vorhanden waren, dann kamen ihre eigenen Kinder und Weiber
an die Reihe. Eine träge oder zanksüchtige Frau wurde sofort
schnell abgethan und gab ein leckeres Mahl; ein Kind, das zu
viel schrie, wurde ohne weiteres still gemacht und abgekocht;
Kranke und Schwache ließ man nicht etwa des natürlichen Todes
sterben, sie hätten ja dann nicht den Magen stillen können. So
war es mit diesem Volke beschaffen. Man sagt zwar, daß sie den
Kannibalismus schon seit vielen Jahren aufgegeben hätten, ich fand
aber in der Höhle ganz untrügliche Beweise dafür, daß die Praxis
noch nicht verloren gegangen ist, denn einige Knochen waren sehr
frisch; sie hatten augenscheinlich einem starkknochigen Mann angehört, dessen Schädel hart wie Erz war; an den Gelenken befand
sich noch Mark und eine fettige Substanz. Er konnte erst vor
einigen Monaten geschlachtet worden sein.

„Diese Höhle gehört zu der größten in der ganzen Gegend
und diente den Kannibalen als eine Art Hauptquartier. Vor dreißig
Jahren war übrigens das ganze Land vom Molutaflusse bis zum
Caledon, dann auch ein Teil der Region am Putesanaflusse von
Anthropophagen bewohnt, welche Schrecken unter den umwohnen-
den Stämmen verbreiteten. Sie schickten Jagdpartien aus, welche
sich in der Nähe betretener Pfade oder Gärten, Triften und Trank-
plätze in den Hinterhalt legten und es vorzugsweise auf den Fang
von Frauen und Kindern abgesehen hatten.

„Noch heute leben viele alte Kannibalen, und an demselben
Tage, an welchem ich jene Höhle besuchte, machte ich mit einem
derselben Bekanntschaft. Er ist nun etwa sechzig Jahre alt. Als
er noch in der Höhle hauste, fing er einst drei junge Weiber; davon nahm er eines zu seiner Gefährtin, die beiden andern wurden
gekocht. Jene Ehe ist dann eine recht glückliche gewesen, und
die Frau Gemahlin hat sich bald an die neue Lebensweise gewöhnt;

man zeigte mir den Winkel, welcher dieser glücklichen Familie zum Aufenthalt gedient."

So weit BOWKER. Der deutsche Sprachforscher Dr. BLEEK fügte dem Aufsatze einige Bemerkungen hinzu, welche für die Geschichte dieses Kannibalismus von Interesse sind. Danach findet man weiteres darüber in dem Werke: „Relation d'un voyage d'exploration au nordest de la colonie du Cap de bonne Espérance par ARBOUSSET et DAUMAS", Paris 1842, 105—123. Die Reise fällt in das Jahr 1836. Ferner kurze Notizen in EDWARD SALOMONS „Two lectures on the Native Tribes of the interior", Capstadt 1855, 62 bis 64. SALOMON zufolge fand sich der Kannibalismus bei vier Stämmen; zwei davon, die Bakufeng und Makatla, sind Betschuanen; die beiden andern, Bamakakana und Bamatlapatla, sind Kaffern. Höchst wahrscheinlich wurden sie Kannibalen infolge der Kriege, durch welche jene Gegenden arg verwüstet wurden. Die Liebhaberei nach Menschenfleisch blieb, als die Not längst vorüber war, und der Kannibalismus hielt sich dann längere Zeit. Die einheimische Sage der Zulu wie der Betschuanen weiß viel von den Amazimu und Marimo, den Menschenfressern, zu erzählen.[1]

Dr. JOHN BEDDOE endlich berichtet über die Art und Weise, wie die Anthropophagen mit ihren Schlachtopfern umgingen, und zwar war das Verfahren ein außerordentlich regelmäßiges, man kann sagen mit Fleischerkunst ausgeübtes. Jeder Schädel ist vermittels einer Axt am Nasenbein querüber auseinander gehauen; die Backenknochen wurden als unbrauchbar weggeworfen. Dann wurde in den Oberkopf ein Loch geschlagen und das Hirn herausgezogen. Die Rippenstücke wanderten in den Kochtopf. Die Röhrenknochen wurden der Länge nach gespalten, und dann nahm man das Mark heraus. Vielfach bemerkte man noch die Knorpel und sah man Spuren von Messerschnitten an den Schädeln, von denen das Fleisch streifenweise abgelöst wurde. Alle Europäer (Boers), welche bei dem Angriffe auf Thaba Bosiu (Moscheschs Feste im

---

[1] In den Nursery tales, Traditions and histories of the Zulus, die CALLAWAY sammelte (Natal and London. 1868), kommt ein Märchen vor, in dem, wie im deutschen Märchen, die Menschenfresserin versteckte Kinder wittert und ausruft: „Ich rieche Menschenfleisch." Wie MERENSKY (Beiträge zur Kenntnis Südafrikas. Berlin 1875. 132) hervorhebt, fehlt bei den Kaffern auch heute der Glaube an die magische Wirksamkeit des Menschenfleisches nicht. Der Schmied legt erst ein Stückchen Menschenfleisch in die Kohlen, ehe er die Arbeit beginnt und der Giftmischer meint in demselben ein Mittel zu haben, seinen Feind schnell aus der Welt zu schaffen.

Basutolande) fielen, wurden sofort aufgefressen, weil man wähnte, daß dadurch ihr Mut in den Leib der Kannibalen übergehen würde.

Daß die Anthropophagie in Südafrika nicht bloß auf die Basuto beschränkt bleibt, hat KARL MAUCH angedeutet.[1] Er selbst hat zwar keinen Fall von Kannibalismus darthun können, indessen fand er, daß die Eingebornen allgemein davon sprachen. „Am glaubwürdigsten, schreibt er, scheint mir noch die Aussage meines Dolmetschers 1871 zu sein. Als wir nämlich in die Nähe von Lomando, einem Baromapulana-Häuptling in den östlichen Zoutpansbergen kamen, riet mir der Dolmetscher ja recht vorsichtig zu sein, insofern Lomando ein unversöhnlicher Feind der Boers sei. Unter andern erwähnte er auch, daß er (Lomando) sich öfter junge Mädchen im Felde fangen lasse, um sie zu schlachten und aufzuessen; besonders sollen die Schamteile für ihn das Leckerste daran sein. Was das Aussehen dieses Häuptlings betrifft, so entspricht es ganz solcher Möglichkeit; ich habe nirgends eine Physiognomie beobachtet, welche so sehr der tierischen sich nähert: breite, aufgeworfene Lippen mit ungemein stark ausgebildeten Freßwerkzeugen; die Lider bedecken zur Hälfte die kleinen blutrünstigen Augen; eine sehr niedrige Stirne, rohes Geschwätz bei kreischender Stimme; roh gebaut und äußerst schmutzig; eine treffliche Kreatur, einen Kannibalen darzustellen, wie ich in meinem Journal sagte.

„Ein Missionär, der seine Station in der Nähe des westlichen Endes der Zoutpansberge hat, sagte mir, alle Baromapulana seien Kannibalen; er bewache deshalb seine Kinder ängstlich, damit sie nicht gestohlen würden.

„Albasini, portugiesischer Konsul in derselben Gegend, wollte ebenfalls bemerkt haben, daß in den Zoutpansbergen noch Menschenfresser wohnen."

Auf diese Zeugnisse gestützt mag es wohl erlaubt sein, die Baromapulana unter die Anthropophagen einzureihen. Weiter nördlich bei den Mutebele fand MAUCH keine Spuren von Kannibalismus, und ebenso wenig erzählen andere Reisende, die mit diesem mordlustigen Kaffernstamme in Berührung kamen, wie z. B. MOHR, etwas davon. „Gegen Nordosten — also nach dem untern Sambesi hin — habe ich nie etwas von Kannibalen gehört", schrieb mir MAUCH.

Alle diese Mitteilungen über den Kannibalismus unter südafrikanischen Bantu-Stämmen reichen aber nicht hin dieselben im

---

[1] Briefliche Mitteilung d. d. Stuttgart 29. November 1873.

ganzen zu gewohnheitsmäßigen Kannibalen zu stempeln und es
muß, in Übereinstimmung mit FRITSCH [1] dargethan werden, daß die
Menschenfresserei unter ihnen sporadisch wohl vorgekommen, nie
aber zur Stammessitte geworden ist.

Centralafrika. In vorislamischer Zeit hat die Anthropophagie
am Nile weiter abwärts geherrscht, wenigstens im Bereiche der
Neger, und Spuren davon sind bis auf unsere Zeit gekommen, soviel der Islam auch hier aufräumte.

In Darfor war es Brauch bei der Thronbesteigung des Sultans
und dann an einem bestimmten Festtage in der Residenz zwei
Knaben, Söhne der gleichen Eltern, zu opfern; das Fleisch wurde
vom Sultan und den höchsten Beamten verzehrt; wer sich dessen
weigerte, wurde als Verräter betrachtet. Dieses aus der Heiden-
zeit stammende Opfer hat sich selbst lange in dem islamitischen
Darfor erhalten und ist erst vom Sultan Husseïn (regierte in den
fünfziger Jahren) abgeschafft worden. [2]

Unsicher ist die Anthropophagie der Burum, die zwischen 11°
und 12° nördl. Br. in mehreren Stämmen die innere Dschesireh
(Insel, das Land zwischen dem blauen und weißen Nil) bewohnen.
Sie zeigen „den vollendeten Negertypus, sind meist von kolossalem
Bau und großer Wildheit, ja es wird ihnen sogar allgemein Anthropophagie zur Last gelegt", meldet von ihnen ERNST MARNO, welcher
1870 an die Grenze ihres Gebietes gelangte. [3] Wie MARNO mir
mündlich berichtete, besaß er einen Diener, der diesem Stamme
angehörte und ihm offen eingestand, daß bei seinem Volke Kannibalismus herrsche, doch konnte der Reisende sich nicht persönlich
hiervon überzeugen.

Desto sicherer ist die Anthropophagie der Niam-Niam, deren
Gebiet zwischen 4° und 7° n. Br. von 29° östl. L. v. Gr. nach
Westen hin an den Zuflüssen des weißen Nil sich erstreckt, und
die sich selbst Sandeh nennen. Alle Reisenden, die an den weißen
Nil kamen, hörten von ihnen und berichteten neben manchem Märchen — man gab sie ja lange Zeit für „geschwänzte" Menschen
aus — auch daß sie Kannibalen seien. THEODOR VON HEUGLIN
der von Norden her ihrem Lande am nächsten kam, sucht sie vor

---

[1] G. FRISCH, Eingeborene Südafrikas. 147.
[2] WERNER MUNZINGER, Ostafrikanische Studien. Schaffhausen 1864. 558.
[3] Reisen in Hoch-Sennar. In PETERMANNS geographischen Mitteilungen
1872. 455.

Verdachte der Anthropophagie zu reinigen[1], indessen sollten bald vollgültige Beweise hierfür beigebracht werden.

Ein italienischer Handwerker, CARLO PIAGGIA, trieb sich mehrere Jahre lang mit nubischen Elfenbeinhändlern und Sklavenjägern im Niam-Niamlande herum und brachte ein volles Jahr, bis Februar 1865, bei dem Häuptlinge Tombo zu, wo er nicht nur Nachrichten über die Anthropophagie einzog, sondern selbst Zeuge war, wie das Fleisch der erschlagenen Feinde verzehrt wurde.[2] Hätten an PIAGGIAS Berichten noch Zweifel aufkommen können, so sind wir über den Kannibalismus der Niam-Niam durch GEORG SCHWEINFURTH völlig aufgeklärt, welcher auf seiner epochemachenden Reise 1870 sie genau kennen lernte. Der Name Niam-Niam ist der Sprache der Dinka entlehnt und bedeutet „Fresser, Vielfresser", auf die Anthropophagie dieses Volkes anspielend. „Im großen und ganzen darf man getrost die Niam-Niam als ein Volk von Anthropophagen bezeichnen, und wo sie Anthropophagen sind, sind sie es ganz und ohne Reserve um jeden Preis und unter jeder Bedingung. Die Anthropophagen rühmen sich selbst vor aller Welt ihrer wilden Gier, tragen mit Ostentation die Zähne der von ihnen Verspeisten auf Schnüre gereiht wie Glasperlen am Halse und schmücken die Pfähle bei den Wohnungen mit Schädeln ihrer Opfer. Am häufigsten und von allgemeinstem Gebrauche wird das Fett von Menschen verwertet. Dem Genusse ansehnlicher Mengen schreiben sie allgemein berauschende Wirkung zu. Verspeist werden im Kriege Leute jedes Alters, ja die Alten häufiger noch als die Jungen, da ihre Hilflosigkeit sie bei Überfällen zur leichten Beute des Siegers gestaltet. Verspeist ferner werden Leute, die eines plötzlichen Todes starben und in dem Distrikte, wo sie lebten, vereinzelt und ohne den Anhang einer Familie dastanden; es ist das jene Kategorie von Menschen, welche bei uns der Anatomie verfallen. — — Nach den von Niam-Niam selbst eingezogenen Nachrichten und Erklärungen verabscheuen diejenigen, welche überhaupt Anthropophagen sind, nur dann den

---

[1] THEODOR v. HEUGLIN, Reise in das Gebiet des Weißen Nil. Leipzig und Heidelberg 1869. 206. Auch ROB. HARTMANN, Naturgeschichtlich-medizinische Skizzen der Nilländer. Berlin 1865. 305, bezweifelte die Anthropophagie der Niam-Niam. — W. G. BROWN, der Erforscher Darfurs, hörte dort (1798) von Sklaven aus dem Süden, daß in ihrem Lande die Menschenfresserei herrsche. BROWNS Reisen in Afrika. Aus dem Englischen. Weimar 1800. 364. Richtige Nachrichten über diese Anthropophagen hatte 1856 bereits BRUN-ROLLET eingezogen (PETERMANNS Mitteilungen. Ergänzungsheft VII. 21).

[2] PETERMANNS Mitteilungen. Ergänzungsheft X. 79.

Genuß von Menschenfleisch, wenn der Körper einem an ekelhaften Hautkrankheiten Verstorbenen angehörte".[1] Die Details, welche SCHWEINFURTH über den Kannibalismus der Niam-Niam beibringt, sind haarsträubender Natur. Das Fett der Babuckr, eines Negerstammes, der vorzugsweise den Niam-Niam Fleisch liefert, dient allgemein als Speiseöl, und der Reisende mußte seine Lampe damit speisen, da anderes Öl nicht aufzutreiben war. „Im Niam-Niamlande war ich selbst Zeuge, daß man die Krieger, welche die Nubier auf einem Sklavenraubzug ins Babuckr-Gebiet begleitet hatten, mit alten untauglichen Weibern beschenkte — zum Essen, und mir gab man nach einiger Zeit die Köpfe." Ebenso sah SCHWEINFURTH neugeborene Kinder von Sklavinnen, die als Leckerbissen zum Fressen bestimmt waren. „Diese Wahrnehmung war das Ungeheuerlichste, was ich gesehen; ich hätte sofort meinen Revolver in Thätigkeit setzen mögen, doch wandte ich schnell der gräßlichen Scene den Rücken".[2]

Südlich von den Niam-Niam, bereits an der Wasserscheide des Nil und Kongo, wohnen die nicht minder kannibalischen Monbuttu und Abanga, die gleichfalls durch SCHWEINFURTH bekannt geworden sind. „Der Kannibalismus der Monbuttu übertrifft den aller bekannten Völker in Afrika. Da sie im Rücken ihres Gebiets von einer Anzahl völlig schwarzer, auf niederer Kulturstufe stehender und daher von ihnen verachteten Völkern umgeben sind, so eröffnet sich ihnen daselbst die willkommene Gelegenheit auf Kriegs- und Raubzügen sich mit hinreichend großen Vorräten von dem über alles geschätzten Menschenfleische zu versorgen. Das Fleisch der im Kampfe gefallenen wird auf der Wahlstatt verteilt und im gedörrten Zustande zum Transport nach Hause hergerichtet. Die lebendig Eingefangenen treiben die Sieger erbarmungslos vor sich her, gleich einer erbeuteten Hammelherde, um sie später einen nach dem andern als Opfer ihrer wilden Gier fallen zu lassen. Die erbeuteten Kinder verfallen nach allen Angaben, die mir gemacht wurden, als besonders delikate Bissen der Küche des Königs. Es ging während unseres Aufenthalts bei Munsa das Gerücht, daß für ihn fast täglich kleine Kinder eigens geschlachtet wurden. Jedenfalls bot sich den Blicken der Fremden nur selten Gelegenheit dar, Augenzeuge von Mahlzeiten der Eingebornen zu sein. Mir selbst

---

[1] G. SCHWEINFURTH, Die Niam-Niam. Globus XXIII. 23.
[2] SCHWEINFURTH in PETERMANNS Mitteilungen. 1871. 139 und in seinem Reisewerk „Im Herzen von Afrika". II. 240.

sind nur zwei Fälle bekannt, wo ich die Monbuttu mitten bei der
Arbeit überraschte, Menschenfleisch als Speise herzurichten. Das
eine Mal stieß ich auf eine Anzahl junger Weiber, wie sie eben
damit beschäftigt waren, vor der Thür ihrer Hütte auf dem ge-
glätteten Estrich von Thon die ganze untere Hälfte eines Kadavers
durch Brühen mit kochendem Wasser von seinen Haaren zu säu-
bern. Durch diese Behandlung war die schwarze Hautfarbe einem
fahlen Aschgrau gewichen. Der ekelhafte Anblick erinnerte mich
lebhaft an das Abbrühen unserer Mastschweine. Ein anderes Mal
fand ich in einer Hütte den noch frischen Arm eines Menschen
über dem Feuer hängend, um ihn zu dörren und zu räuchern.
Sichtbare Spuren und untrügliche Anzeichen von Kannibalismus
fanden sich übrigens auf Schritt und Tritt in diesem Lande."[1]
Dabei sind diese Monbuttu ein durch Begabung, Urteil und National-
stolz, ja durch eine Art Kultur vor den Nachbarn ausgezeich-
netes Volk.

Die Nachfolger Schweinfurths in den Ländern westlich vom
weißen Nil haben dessen Mitteilungen über die Anthropophagie der
Niam-Niam und der Monbuttu vollauf bestätigt. Von den Mambanga, einem der südlichen Stämme der Niam-Niam, hebt Junker
hervor, daß sie durch geordnete staatliche Verhältnisse, Lebensweise, Sitten und Kunstleistungen weit über benachbarten Neger-
stämmen stehen. Dabei aber findet man den Kannibalismus in
seiner tierischsten Form. Alle Leichen werden bei diesem Volke
verzehrt und der einzige menschliche Zug, der hierbei den Kannibalen geblieben, ist die Scheu vor dem Fleische der Blutsverwandten;
deren Leichen werden wenigstens an Fernstehende verschachert.
Stirbt ein Mambanga, so kann nach dortigem Aberglauben dieses
nur durch den bösen Willen anderer bewirkt worden sein, da die
Vorstellung des natürlichen Todes jenem Volke fremd ist. Nun
wird das Orakel befragt, welches einen oder mehrere Menschen als
Urheber des Todes bezeichnet und die infolge des Spruchs erdrosselt
und auch verzehrt werden. „Das Lynchen und der Kannibalenschmaus wird stets abseit der Hütten vollzogen. Die Weiber tragen
die Zukost in der Form des Lugmagerichts, einer Mehlspeise, für
die Männer an den Ort der Greuelthat."[2]

In meiner ersten Bearbeitung unseres Themas habe ich die
Annahme gewagt, daß das noch unerforscht äquatoriale Afrika als

[1] Schweinfurth, Im Herzen von Afrika. II. 98.
[2] Dr. W. Junker in Petermanns Mitteilungen. 1881. 256.

von Kannibalen bewohnt zu betrachten sei.[1] Damals hatte STANLEY
noch nicht seine epochemachende Fahrt quer durch Afrika gemacht,
vom Kongo waren nur Quellströme und Mündung bekannt, doch
der Ausspruch SCHWEINFURTHS, daß die Sitten der Monbuttu auf
das Gabonland deuteten, ließ bereits auf Verwandtschaft der damals
noch unbekannten Centralafrikaner mit den Fan einerseits, den
Monbuttu anderseits schließen. Jetzt hat sich in der That herausgestellt, daß die Landschaften am mittleren und oberen Kongo,
sowie an den Zuflüssen des letzteren zu der innerafrikanischen Zone
der Kannibalen gehören.

Schon SPEKE[2] wußte, daß im Westen des Tanganjika Menschenfresser wohnen und BURTON[3] nannte sie Wabembe. Die erste Bestätigung aber brachte LIVINGSTONE, indem er uns die Manjuema
kennen lehrte. Ihr Land liegt zwischen dem nördlichen Teile des
Tanganjika-Sees und dem Lualabaflusse, zwischen 25° und 29°
östl. L. v. Gr. und 3° und 6° s. Br. Erforscht wurde es 1870 und
1871 durch DAVID LIVINGSTONE, der zum ersten Mal während seiner
dreißigjährigen Wanderungen in Südafrika auf Kannibalen stieß.
„Die Manjuema, berichtet LIVINGSTONE, sind sicherlich Menschenfresser, aber sie essen nur im Kriege getötete Feinde, scheinen
bei ihren kannibalischen Orgien von Rache angestachelt zu sein
und lassen nicht gerne Fremde als Zuschauer zu. Ich bot vergebens eine Belohnung jedem, der mir die Gelegenheit verschaffen
würde, ein Kannibalenfest mit anzusehen. Einige intelligente Männer
sagten mir, das Fleisch sei nicht gut, und nach seinem Genusse
träume man von dem Toten. Frauen nehmen niemals Teil."[4]

In Nyangwe am oberen Kongo sah LIVINGSTONE auf dem
Markte einen Mann, der zehn menschliche Unterkiefer an einer
Strippe über die Schulter gehängt trug; auf LIVINGSTONES Befragen
bekannte er, er habe die Eigentümer dieser Unterkiefer getötet
und gegessen.[5] Nach demselben zuverlässigen Reisenden endet in
dem an den Lualaba angrenzenden Metambalande ein Streit zwischen
Ehegatten oft damit, daß der Mann die Frau erschlägt, ihr Herz
mit Ziegenfleisch zu einem Gerichte bereitet und dieses verzehrt[6],
worin unschwer die Befriedigung der Rachsucht erkannt werden

[1] Mitteilungen des Vereins für Erdkunde zu Leipzig. 1873. 39.
[2] Entdeckung der Nilquellen. I. 125.
[3] Transactions of the Ethnological Society. New Series I. 320.
[4] PETERMANNS Mitteilungen. 1873. 82.
[5] LIVINGSTONES letzte Reise. Deutsche Ausgabe. II. 153.
[6] Daselbst. II. 58.

kann. STANLEY äußert sich über Manjuema in ähnlicher Art wie LIVINGSTONE; er fand dort die Dörfer mit Menschenschädeln gleichsam gepflastert.[1] Im Dorfe Kimpungu sah er 186 solcher Schädel.

Leutnant WISSMANN hörte in Manjuema von einem Manne das folgende: „Bis vor kurzem haben wir auch Menschenfleisch gegessen und zwar auch das von den an einer Krankheit Gestorbenen, nur haben wir, wenn jemand an einer Krankheit gestorben ist, die äußersten Glieder der Finger und Zehen abgenommen, eingesalzen, in Blätter gewickelt und ins Wasser geworfen, während wir den ganzen andern Körper gegessen haben." Durch das Einsalzen und Wegwerfen sollte erreicht werden, daß die Krankheit nicht auf den Essenden überging. Er erzählte weiter, daß sie nicht die in ihren eigenen Dörfern Gestorbenen gegessen, sondern die Leichen gewissermaßen ausgetauscht hätten. Die von einem fremden Dorfe herübergekommene Leiche wird später wieder erstattet durch einen im Dorfe selbst Gestorbenen.[2]

Als STANLEY den Kongo abwärts fuhr, war es nichts ungewöhnliches, daß die feindlich gesinnten Stämme am Ufer nach seinem Fleische schrieen. „Wir werden Fleisch in Menge haben" hieß es da. Auf der Insel Asama im Kongo „verzierten Menschenschädel die Dorfstraße und eine große Menge Schenkelknochen, Rippen und Rückenwirbel lagen in einem Winkel voll Unrat, als gebleichte Zeugen ihres gräßlichen Appetits nach Menschenfleisch." Also Küchenabfälle mit Menschenknochen. Und so ganz ähnlich da, wo der Aruwimi in den Kongo mündet, wo auch die abgenagten Menschenknochen offen und frei auf den Unrathaufen des Dorfes umherlagen und „der dünne Vorderarm eines Menschen, der neben einem Feuer zugleich mit versengten Rippen vorgefunden wurde", STANLEY einen handgreiflichen Beweis für die gräßliche Gewohnheit bot.[3]

Der Kannibalismus der centralafrikanischen Völker, welche an den südlichen Zuflüssen des Kongo wohnen, in jenen Gegenden, welche von POGGE und WISSMANN besucht wurden, tritt nicht so öffentlich hervor, wie bei den Monbuttu und manchen Westafrikanern. WISSMANN hat dort mit eigenen Augen keinen Fall beobachtet, ist aber durch die Gesamtheit der Berichte von dem Vorhandensein überzeugt. Nach ihm sind die Baluba alle Kannibalen; auch die Tuschilange waren früher Anthropophagen, sind aber seit der Ein-

[1] STANLEY, Durch den dunklen Weltteil. II. 157 und Anmerkung auf S. 159.
[2] Verhandlungen der Berliner Anthropologischen Gesellschaft. 1885. 459.
[3] STANLEY a. a. O. II. 221. 232. 263. 302.

führung des Hanfrauchens davon abgekommen. Die Bassange (besonders rein erhaltene Baluba) verzehren die im Kriege Gefallenen; dies geschieht Nachts und abseits der Dörfer. Vom Menschenfressen ausgeschlossen sind bei ihnen die Kinder bis zu einem gewissen Jahre und die Weiber, die schon geboren haben, sowie jedes Weib bis zu einem bestimmten Alter. Wenn es feststeht, daß sie unfruchtbar ist, hat sie Teil am Menschenessen.[1] Etwas eingehender läßt sich POGGE über den Kannibalismus der Bassange aus. „Die Körper der im Kriege Erschlagenen werden eine Nacht ins Wasser gelegt und am nächsten Tage werden die Unterschenkel und Hände abgeschnitten und auf Ameisenhaufen gelegt. Nach einigen Stunden wird wieder nachgesehen und wenn die Ameisen an dem Fleische fressen, so ist es gut. Die betreffenden Körper werden alsdann zerlegt und von bestimmten Männern mit dem Fleisch der im Kriege erbeuteten Ziegen zusammen gekocht und dann vor das Haus des Soba (Häuptlings) gebracht, welcher davon genießt und das Fleisch an die Krieger verteilt.[2]

Die südlichen Zuflüsse des Kongo, deren Erforschung das Werk deutscher Reisender ist, haben gleichfalls Kannibalen zu Anwohnern. Vom Tschuapa und Bussera beglaubigt dieses Leutnant von FRANÇOIS. Das Schlachten von Menschen, bloß um sich Fleisch zu verschaffen, kommt am Bussera vor; im allgemeinen ist aber Anthropophagie „ein Akt religiösen Ceremoniells bei besonderen Gelegenheiten." Die Anwohner des Tschuapa riefen dem vorüberfahrenden FRANÇOIS zu: „Wir werden euch den Kopf abschneiden! Wir werden euch fressen! Buala! Buala! (Fleisch, Fleisch),"[3] gerade wie es STANLEY auf dem Kongo ergangen war. Auch an den meisten anderen südlichen Zuflüssen des Kongo, so am Saie oder Tschia, dem Quilu, dem Sankurru wohnen wilde Kannibalen. „Hier wird allerdings der Mensch als Nahrungsmittel, gewissermaßen als Schlachtvieh, betrachtet und die vielen in den Dörfern aufgehäuften Schädel, sowie die sehr freimütigen Aussagen der Eingeborenen zeugen am besten für das Blühen des Kannibalismus."[4]

Haiti. Im Anhange zu Afrika müssen wir hier noch einen Blick auf die nach Amerika ausgewanderten Neger werfen. Die Negerrepublik Haiti ist äußerlich ganz nach europäischem Muster

---

[1] Verhandlungen der Berliner Anthropologischen Gesellschaft. 1883. 458.
[2] Mitteilungen der Afrikanischen Gesellschaft in Deutschland. IV. 259 (1885).
[3] Verhandlungen der Gesellschaft für Erdkunde zu Berlin. 1886. 159. 161.
[4] Leutenant TAPPENBECK in den Mitteilungen der Afrikanischen Gesellschaft. V. Heft 2 (1886).

eingerichtetes Staatswesen, in welchem das schwarze Element vollständig dominiert; innerlich aber ist diese Republik noch stark der afrikanischen Barbarei ergeben. Sie ist, mit dem ebenbürtigen Liberia, ein wenig günstiges Zeugnis für die Entwickelungsfähigkeit der Neger, wenn sie sich selbst überlassen sind. In Haiti ist nämlich der Fetischdienst des Wodu die eigentliche Religion des Volkes, während amtlich der Katholizismus herrscht und jener Wodudienst ist mit Menschenopfern und Anthropophagie verknüpft. Aber auch ohne religiösen Hintergrund herrscht letztere in Haiti. Noch 1878 wurden zwei Frauen auf frischer That ertappt, welche die Leiche eines Kindes verzehrten. Eine Mutter, die ihre eigenen Kinder verzehrt hatte, gestand dieses ruhig ein und fügte hinzu: wer hätte denn mehr Recht gehabt, dieses zu thun, als ich? Habe ich sie doch geboren. Bei den Wodumysterien wird die „Ziege ohne Hörner" geopfert, d. h. ein Kind. Am 13. Februar 1864 wurden zu Port au Prince acht Wodukannibalen hingerichtet. Auch der Handel mit Menschenfleisch ist, wie in Afrika, auf Haiti bekannt.[1]

Australien.

Der australische Kontinent zählt heute noch höchstens 50,000 eingeborene Schwarze und diese sind, wo sie sich dem Einflusse der Weißen entziehen, Anthropophagen, wofür die bündigsten Beweise vorliegen.

Er kommt am Schwanenfluß, also Westaustralien, nach Salvado vor, wo man selbst Tote ausgrub, um sie zu essen[2], und John Forrest, welcher 1869 längere Zeit in der Umgebung des Barlee-

---

[1] Der amtliche Bericht über die Hinrichtung jener Wodukannibalen ist nach dem Moniteur Haïtien vom 12. März 1864 mitgeteilt im Globus VIII. 249. Vollauf Material zur Bestätigung aller von den Negern Haitis begangenen kannibalischen Scheußlichkeiten enthält das Werk Spenser St. Johns Hayti or the Black Republic. London 1884. Der Verfasser war zwölf Jahre englischer Geschäftsträger in Haiti und ist wegen seiner Zuverlässigkeit bekannt. Der Missionsbischof Cleveland Cox hat schon früher über die zunehmende Verwilderung unter den Schwarzen Haitis geklagt und dieselben beschuldigt, daß sie bei ihren Jahresfesten die eigenen Kinder schlachten und fressen. Globus. XXIV. 48.

[2] Waitz (Gerland), Anthropologie der Naturvölker. VI. 749.

Sees zubrachte, wurde dort von den Eingeborenen bedroht, daß sie ihn fressen wollten, auch fand er dort einen Schwarzen, der ihm mitteilte, daß kürzlich sein Bruder gefressen worden sei. [1] Weiteres über die Anthropophagie der Westaustralier teilt OLDFIELD mit, nach welchem einmal die bei ihnen allgemein herrschende Blutrache, andererseits Hunger zum Kannibalismus treiben. Die erschlagenen Feinde werden verzehrt, *the bloodrevengers subsisting entirely on the flesh of their victims*, wenn sie sich im feindlichen Gebiete befinden. Dabei wird weder Geschlecht noch Alter geschont und wenn keine Gelegenheit vorhanden, das Fleisch zu kochen, so wird es roh verzehrt. [2] Auf reinen Fleischgenuß gerichtet ist der westaustralische Kannibalismus, wenn sie die Alten erschlagen und verzehren, *that so much good foot may not be lost*. Man glaubt, die Alten hätten keine Seelen mehr, welche, zurückkehrend, dem Fresser etwa Ungemach bereiten könnten. [3] In Hungerszeiten töten die Watchandie in Westaustralien eines ihrer Kinder durch einen Schlag mit der Keule in den Nacken um das Fleisch zu verzehren. Die Mutter, welche keinerlei laute Klagen ausstoßen darf, da sie sonst Prügel erhält, bekommt den Kopf als ihren Anteil; der Mann verzehrt die fetten Stücke, die übrigen Kinder, wenn vorhanden, werden mit den Eingeweiden abgefunden. Alles wird roh verzehrt, da solche Greuel gewöhnlich in der nassen Winterszeit stattfinden, wenn es unmöglich ist, Feuer anzuzünden. Bei andern Kannibalenschmäusen werden die Eingeweide und Füße nicht verzehrt; die letzteren häutet man — aus einem unaufgeklärten Grunde — nur ab. Das Fleisch der Europäer, sagen die Westaustralier, schmecke „salzig"; das Fleisch der Weiber ziehen sie jenem der Männer vor. [4]

Die Anthropophagie wird von W. P. STANDRIDGE, der 18 Jahre mit den Schwarzen in naher Berührung lebte, für Südaustralien nachgewiesen. [5] „Eine ganz abscheuliche Erscheinung im Leben dieser Wilden, sagt er, ist ihr Kannibalismus, der sich auf die gräßlichste Weise äußert. Die Eltern ermorden nicht selten ihre neugeborenen Kinder, um sie aufzufressen. Auch herrscht ein entsetzlicher Aberglaube, demgemäß ein älterer Bruder in dem Wahne lebt, daß er sofort auch die Körperkraft seines jüngeren Bruders sich aneignen könne, wenn er diesen erschlägt und verzehrt. Das

[1] PETERMANNS Mitteilungen. 1870. 147. 148.
[2] OLDFIELD in Transactions of the Ethnolog. Society. New Series. III. 245.
[3] OLDFIELD a. a. O. 248.
[4] OLDFIELD a. a. O. 286. 288.
[5] Transactions of the Ethnological Society. New Series. I. 291.

geschieht unter Festlichkeiten und bei diesen dringen Vater und
Mutter mit eifriger Ermahnung in den älteren Sohn, so viel Fleisch
von dem Leichnam hinabzuwürgen, als irgend möglich ist." Hier
liegt also entschieden Aberglauben als Beweggrund vor. Übrigens
herrscht in Südaustralien auch der Kannibalismus aus reiner Gourmandise, wenigstens bei den Narrinyeri. *If a man had a fat wife,
he was always particulary careful not to leave her unprotected lest she
might be seized by prowling cannibals.*[1]

Am Cooper Creek, nördliches Südaustralien, sind deutsche
Missionare angestellt, die dort (1868) vollauf Gelegenheit hatten den
Kannibalismus der Schwarzen zu beobachten. Einer derselben
schreibt: „Die zahlreichen Arten von Ratten und Mäusen liefern
hauptsächlich die Fleischkost der Eingeborenen. — Die zahlreichen
kleinen Eidechsen schmecken den Kindern gut. Zudem fangen sie
vier Arten Fische und essen eine große Anzahl von Würmern, die
als eine Delikatesse gelten. Kannibalismus ist ·hier eine Thatsache
und eine Mutter verzehrt mit lächelnder Miene ihr eigenes Kind.
Die Schwarzen essen Teile von jeder Leiche, wenn etwas Eßbares
daran ist. Vor einiger Zeit starb der Älteste des Stammes. Als
ich fragte, ob sie diese Leiche auch verzehren würden, antwortete
mir einer der Schwarzen: „Nein, der Kerl ist zu mager, er hat
kein Fett."[2] Bedarf man einer Bestätigung dieses Berichtes, so
giebt sie WARDURTON, nach dem die Bewohner des untern Barku-
thales (Cooper Creek, Lak Eyre) entschieden Anthropophagen sind.[3]
Auch am Peakfluß werden die gestorbenen Kinder verzehrt, als
Grund wird von den Schwarzen angegeben, daß, wenn sie dieses
nicht thäten, sie sich fortwährend grämen müßten. Den Kopf bekommt die Mutter und die Kinder im Lager bekommen auch ihr
Teil, damit sie gut wachsen. Auch verzehren sie einzelne Teile
von verstorbenen Männern und Frauen, namentlich solche, in denen
sie den Sitz gewisser tüchtiger Eigenschaften wähnen.[4]

Was die Eingeborenen der Kolonie Victoria betrifft, so hat
über deren Kannibalismus RICHARD OBERLÄNDER, der längere Zeit
unter ihnen lebte, seine eigenen und fremde Erfahrungen zusammengestellt.[5] „Die Eingeborenen Australiens, so berichtet er, sind Kan-

---

[1] The Native Tribes of South Australia. Adelaide 1879. 2.
[2] Auszug aus der zu Tanunda erscheinenden „Deutschen Zeitung". Globus
XVI. 15.
[3] Zeitschrift der Gesellschaft für Erdkunde zu Berlin. 1868. II. 16.
[4] Verhandlungen der Berliner Anthropologischen Gesellschaft. 1879. 237.
[5] Globus IV. 279.

nibalen, machen daraus kein Geheimnis und sprechen davon als von
einer selbstverständlichen Sache, wie sie denn auch die Art und
Weise der Zubereitung des Mahles ganz unbefangen beschreiben."
Nach BUCKLEY, den OBERLÄNDER citiert, begegnete jener auf seinen
Wanderungen dem wegen seines Kannibalismus übel berüchtigten
Pallidurgbarran-Stamme, der nicht nur das Fleisch seiner getöteten
Feinde verzehrt, sondern Menschenfleisch bei allen möglichen Gelegenheiten. „Der Barrabulstamm, schreibt OBERLÄNDER ferner, fing einen
alten Mann und ein Mädchen ein, die zu einem andern Stamm gehörten, und welche sie beschuldigten, meinen Freund GELLIBRAND
gemordet zu haben. Das Mädchen ward getötet und gebraten und
das Fett als Haarpomade benutzt. Etwas warmes Fleisch ward
lachend einem Engländer zum Kosten gereicht. Dr. COTTEN nahm,
so viel mir erinnerlich, einen Teil des Schenkels als Beweis der
Thatsache mit sich fort."
     In Neu-Süd-Wales, woher MAJORIBANKS 91 Beispiele des Kan-
nibalismus zusammenstellt, aß man besonders das Nierenfett der
Gefallenen, dessen Genuß man übernatürliche Kräfte zuschrieb.[1]
     ANGAS, bekannt durch seine Arbeiten über die Australier, teilte
den Gelehrten von der Novara-Expedition mit, daß in der Nähe der
Moreton-Bai (Queensland) ein Knabe starb, dessen Kopf und Haut,
der rohen Sitte gemäß, vom übrigen Körper getrennt und an einem
Stocke über Feuer getrocknet wurden. Vater und Mutter waren
bei dem Vorgange zugegen und stießen laute Schreie aus. Das
Herz, die Leber und die Eingeweide wurden unter die anwesenden
Krieger verteilt, welche Stücke davon an den knöchernen Spitzen
ihrer Speere mit forttrugen, während die gerösteten Oberschenkel
— angeblich die größten Leckerbissen — von den Eltern selbst
verzehrt wurden. Haut, Schädel und Knochen dagegen packten die
Eingeborenen sorgfältig zusammen und nahmen sie in ihren Säcken
aus Grasgeflecht auf die Reise mit. Nicht selten soll eine Mutter
ihr eigenes Kind in dem dunkeln Wahn auffressen, daß jene Kraft,
welche ihre Leibesfrucht ihr entzogen, auf solche Weise wieder in
den Körper zurückkehre! Fällt den Eingeborenen ein Krieger eines
feindlichen Stammes in die Hände, so sollen sie ihrem erbarmungs-
würdigen Opfer mit fanatischer Wildheit das Fett der Nieren aus
dem Leibe reißen und sich in dem Glauben damit beschmieren,
daß dies dem Körper Kraft, dem Herzen Mut verleihe.[2]

---

[1] WAITZ (GERLAND), Anthropologie der Naturvölker. VI. 748.
[2] Reise der österreichischen Fregatte Novara um die Erde. III. 32.

Ein Gutsbesitzer am obern Mary River (nördlich von Brisbane, Queensland), giebt höchst eingehende auf Selbstbetrachtung gegründete Schilderungen des merkwürdigen Gebrauches, wie die Schwarzen den Toten die Haut abziehen, die Knochen vom Fleisch befreien und beides zu abergläubigen Zwecken bewahren. In seiner Gegenwart schämte man sich indessen auch das schon geröstete Fleisch zu verzehren. Er fügt aber seinem Bericht hinzu: „Ich fühle mich verpflichtet es auszusprechen, daß die Eingeborenen das Fleisch ihrer verstorbenen Freunde verzehren und indem sie das thun, glauben sie fest, daß sie sich damit eine Wohlthat erweisen und den Toten ehren. Sie verzehren es nicht etwa, weil sie nach demselben lüstern wären; doch ist dem früher so gewesen, und noch vor einigen Jahren schmausten die alten Männer mit großem Appetit das gut geröstete Fleisch junger Frauen. Infolge des Verkehrs mit den Weißen geschieht das aber nicht mehr häufig und man begräbt oftmals auch Frauen und Kinder unzerstückelt, aber die Männer, insbesondere die Häuptlinge, werden auch jetzt (1871) noch verzehrt. Es ist mir mitgeteilt worden, daß noch ganz vor kurzem alte abgemagerte Männer, deren Fleisch gewiß nicht saftig war, gewissenhaft gefressen worden sind. Wenn man das Fleisch eines Menschen genießt, gewinnt man dadurch die Kraft und die guten Eigenschaften, welche derselbe gehabt hat. Das ist Wahnglaube."[1]

Auch die Schwarzen im nördlichen Queensland machen kein Geheimnis daraus, daß sie Menschenfleisch verzehren; doch scheint es, daß sie mehr aus gewissen Traditionen als aus Nahrungsbedürfnis Anthropophagen sind. Die meisten Schwarzen werden begraben, ohne gefressen zu werden. Auch an der Wide Bay werden diejenigen, die man verzehrt, vorher abgehäutet. Die Haut wird um ein Bündel Speere gewickelt, so, daß das Haar auf die Spitzen zu stehen kommt. Die Fingernägel läßt man an der Haut sitzen. Die Reliquie wird von Lager zu Lager geschleppt und in jedem aufgestellt, wo sich die Trauerweiber um dieselbe versammeln und sich mit Beilen Einschnitte beibringen. Am Carpentariagolf verzehrt man die im Gefecht Gebliebenen. Sterben sie infolge der Wunden Abends oder in der Nacht, so kocht man sie am Morgen. Ein großes Loch wird im Boden ausgehöhlt und der Leichnam wird in einem Stück gekocht, wozu drei bis vier Stunden nötig sind. Die Weichteile werden nicht gegessen, sondern herausgenommen und begraben. Am Golf häutet man die Toten nicht, ehe man sie

[1] Journal of the Anthropological Institute. II. 179 (1873).

verzehrt. Nachdem das Fleisch gegessen ist, werden die Knochen
auf einen Baum gelegt oder begraben. Die Leichen der Feinde
bleiben da liegen, wo sie gefallen sind; man verzehrt nur die
Leichen von der eigenen Partei. Kinder werden verzehrt, wenn
sie sterben; Kindsmord ist nicht häufig in Queensland.[1]
Der kannibalische Ring um den australischen Kontinent wird
geschlossen, wenn wir die Beweise für die Anthropophagie im Norden beibringen. Schon als OWEN STANLEY mit dem Aufnahmeschiff
Rattlesnake Nordaustralien besuchte, wurde die Bemerkung gemacht,
daß man die Leichen der erschlagenen Feinde verspottete und zer-
stückelte. Der Kopf aber wird als Trophäe mitgenommen und die
Krieger verzehren die Augen nebst den Wangen, im Glauben, dadurch tapfer zu werden.[2]
Wenn auch in Tasmanien dieselben Naturverhältnisse herrschten
wie auf dem australischen Kontinente und die dortige, jetzt aus-
gestorbene Rasse den Australiern sehr nahe stand, so ist sie doch,
zur Zeit der Entdeckung wenigstens, von Kannibalismus frei zu
sprechen gewesen. Es waren wenigstens keine Beweise dafür bei-
zubringen.[3]

Die Südsee.

In der Südsee treffen wir auf den klassischen Boden der
Menschenfresserei. Von Neu-Guinea bis zur Osterinsel hin waren
oder sind noch deren Bewohner Anthropophagen, weder Melanesier
noch Polynesier machen eine Ausnahme, und nur der Grad derselben ist ein verschiedener, von der rohesten, rein auf das Nahrungsbedürfnis gerichteten Form bis zu den letzten Überbleibseln
des Kannibalismus, die sich noch in symbolischen Handlungen oder
Sagen offenbaren. *The Polynesians may, without injustice, be called a
race of cannibals*, sagt H. HALE[4] und unserm J. R. FORSTER, welcher

---

[1] E. PALMER, Notes on some Australian Tribes. Journal of the Anthropological Institute. XIII. 282.
[2] MACGILLIVRAY, Narrative of the Voyage of H. M. S. RATTLESNAKE. London
1852. I. 152.
[3] BONWICK, Daily Life of the Tasmanians. 23.
[4] United States Exploring Expedition. VII. 37.

vor länger als 100 Jahren noch keinen sicheren Überblick über alle Südseeinsulaner haben konnte, drängte sich damals schon die Überzeugung auf „daß alle Bewohner der verschiedenen Inseln im Südmeere, selbst in dem glücklichsten, fruchtbarsten Erdstriche, wo die Hauptnahrung in Früchten besteht, nichts destoweniger vor Zeiten Menschenfresser gewesen sind.[1]

In der Mythologie der Polynesier finden wir Züge, die auf Anthropophagie hinweisen. So glaubten sie, daß die Geister der Gestorbenen von den Göttern oder Dämonen verzehrt, und daß der geistige Teil ihrer Opfer von dem Geiste des Idols, dem das Opfer galt, verspeist wurde. Die Vögel, welche zum Bereiche der Tempel gehörten, nährten sich nach polynesischer Meinung von den Körpern der Menschenopfer und man nahm an, daß der Gott in Vogelgestalt sich dem Tempel näherte und die auf dem Altar liegenden Opfer verschlang. Auf einigen Inseln war sogar das Wort „Menschenfresser" eine Bezeichnung der Hauptgötter. Kriege, nur zu dem Zwecke unternommen, um sich Menschenfleisch zur Speise zu verschaffen, waren bei den Polynesiern nichts seltenes; die Genugthuung und der gestillte Rachedurst, welche nach dem Verzehren des Feindes sich einstellten, waren indessen keineswegs der einzige Beweggrund zur Anthropophagie der Polynesier: wir finden vielmehr auch Beispiele, daß Hungersnot sie zu dieser Unsitte trieb.[2]

Neu-Guinea und Nachbarschaft. „Unter allen wilden Völkern, die als Anthropophagen berüchtigt sind, werden die Papuas zuerst genannt und obschon es sich nicht leugnen läßt, daß sie in ihren Sitten noch sehr roh sind, so ist dies doch keineswegs auf die ganze Bevölkerung bezüglich und man thut ihnen gewiß hierin entschieden Unrecht. Obwohl auch in einem neuen Reisewerke[3] bemerkt wird, daß die Papuas ihre Gefangenen, ja die Bewohner an der van Dammen-Bai (Geelvinksbai) ihre eigenen Toten verzehren, so sind doch noch von keinem glaubwürdigen Manne bestimmte Nachrichten darüber vorhanden und wir müssen diese vagen Gerüchte daher mit Recht als unwahr bezeichnen." So urteilt in seiner verdienstvollen Schrift über Neu-Guinea Otto Finsch.[4] Aber was er als vages Gerücht hinstellt, hat sich als entschieden wahre

[1] Bemerkungen auf seiner Reise um die Welt. 290.

[2] W. Ellis, Polynesian Researches. London 1829. II. 222.

[3] De Papoewas der Geelvinksbaai door A. Goudswaart. Schiedam 1863.

[4] Neu-Guinea und seine Bewohner. Bremen 1865. 48. Der Ansicht, daß kein Kannibalismus auf Neu-Guinea herrsche, schließt sich auch Fr. Müller in seiner „Allgemeinen Ethnographie" Wien 1873. 109 an.

Thatsache erwiesen. Da auch sonst die Melanesier des großen
Oceans der Anthropophagie ergeben sind und auf den umliegenden
Inseln Neu-Guineas dieselbe entschieden nachgewiesen war, so ließ
sich dadurch mit Wahrscheinlichkeit schon auf das Vorkommen von
Kannibalismus auf Neu-Guinea schließen. Neuere Reisende be-
stätigen dies denn auch vollständig.

Schon der Amerikaner BICKMORE brachte beglaubigte Beweise
von der Anthropophagie der Papuas bei[1] und übereinstimmend berichten, WALLACE ausgenommen, dasselbe die späteren Reisenden,
die sich die Aufgabe gestellt haben, das unbekannte Innere dieser
das deutsche Reich an Größe übertreffenden Insel zu erforschen.
Der Florentiner ODOARDO BECCARI, welcher 1871 nach Wonim di
Bati, der nordwestlichen Halbinsel von Neu-Guinea, ging und dort
das Arfakgebirge bestieg, brachte Berichte von Menschenfressern,
die zwischen 132° und 133° östl. L. v. Greenwich hausen und dem
Stamme der Kraton angehören.[2]

Noch eingehender erforschte den Nordwesten Neu-Guineas unser
Landsmann Dr. A. B. MEYER, dem es auch gelang die Nordwest-
halbinsel an ihrer engsten Stelle, von der Geelvinksbai zum Mac
Cluergolf zu kreuzen.[3] Nach ihm sind Kannibalen in dem besuchten
Teile: Der Stamm der Karoans in den Bergen an der Nordküste,
zwischen Amberbaki und den zwei kleinen Inseln Amsterdam und
Middelburg; die Tarungarés an der Ostküste der Geelvinksbai,
welche sogar ihre eigenen Todten verzehren; die Bergbewohner der
Insel Jobi in der Geelvinksbai. Daß auch an Mac Cluer Inlet
Kannibalen wohnen, ist bestätigt worden. Ein Hamburger, Namens
Schlüter, Steuermann des Schiffes „Franz", Kapitän Redlick, wurde
dort nebst einigen Matrosen von den Papuas ermordet und der
Körper als Speise an benachbarte Stämme verkauft.[4]

Während wir so Kunde vom Vorkommen der Anthropophagie
im Nordwesten Neu-Guineas erhalten, kam gleichzeitig Bestätigung
über deren Verbreitung im Südosten. MORESBY, der die dortigen
Küsten aufnahm, stellt sofort dort Kannibalismus fest[5] und die

[1] ALBERT S. BICKMORE, Reisen im Ostindischen Archipel. Aus dem Englischen. Jena 1869. 234.
[2] Ocean Highways. Juni 1873. 115.
[3] Seine Berichte stehen: Ausland. 1873. 964. Ocean Highways. Dezember 1873. 388. Mitteilungen der k. k. geographischen Gesellschaft in Wien 1873.
538. Nature, 4. Dezember 1873. 77.
[4] A cruise among the cannibals. Ocean Highways. Dezember 1873. 364.
[5] Ocean Highways. Dezember 1873. 393.

dann später dort angesiedelten englischen Missionare geben dann
weitere Einzelheiten. Die Kiefern der Verzehrten werden als Arm-
schmuck getragen. Am Flusse Aivei oder Alele sind die Eingebornen „alle Menschenfleisch essende Kannibalen, sei es gekocht
oder ungekocht; sie sagen es sei eine bessere Nahrung als alles
andere". Am Südkap kam ein befreundeter Häuptling zu der Frau
des Missionars Gill und bot ihr eine Menschenbrust zur Speise an,
die er als saftigen Bissen rühmte.[1] Das sind deutliche Beweise,
daß hier das Menschenfleisch als Genußmittel betrachtet wird; ob
andere Beweggründe dort für die Anthropophagie noch vorhanden
sind, läßt sich aus den Berichten noch nicht ersehen.

In der Verlängerung der östlichen Halbinsel Neu-Guineas, nur
durch eine schmale, korallenreiche See getrennt, ethnographisch und
physikalisch aber mit dem Hauptlande übereinstimmend, liegt der
Louisiade-Archipel, dessen melanesische Eingeborene Anthropophagen
sind; vollauf Bestätigung ihres abscheulichen Kannibalismus verdanken wir dem französischen Schiffsarzt V. DE ROCHAS.[2] An der
östlichen Insel Rossel strandete im Sommer 1858 das Schiff St. Paul,
welches 317 chinesische Kulis von Hongkong nach Australien führen
sollte. Die Schiffbrüchigen retteten sich auf eine kleine Nebeninsel
und der Kapitän fuhr in der Schaluppe fort, um Hilfe zu holen.
Er gelangte nach Neu-Caledonien, wo die französische Behörde sofort ein Kriegsschiff, auf dem Rochas sich befand, nach Rossel ab-
ordnete, um die Schiffbrüchigen zu retten. Am 5. Januar 1859
traf das Schiff dort ein; aber von mehr als 300 Männern waren
nur noch vier am Leben, die übrigen waren von den Eingeborenen
ermordet und aufgefressen worden. Einzelheiten übergehen wir, da
sie nicht geeignet sind, Licht auf die Motive der That zu werfen,
wenn es auch fast scheint, als sei bloße Lust nach dem Genusse
von Menschenfleisch die Ursache des schauderhaften Vorfalls gewesen.

Von den übrigen Satelliten Neu-Guineas erwähnen wir, daß
auf Rook kein Kannibalismus herrscht. „Die Menschenfresserei,
welche an den Küsten Neu-Guineas herrscht, erregt auf Rook Abscheu."[3] Dagegen sind die Eingeborenen der Massims-Inseln (d'Entre-
casteaux-Inseln, an der Südostspitze Neu-Guineas) Kannibalen.[4]

---

[1] CHALMERS and GILL. New-Guinea. London 1885. 48. 144. 234.
[2] Naufrage et scènes d'anthropophagie à l'île de Rossel dans l'archipel de
la Louisiade. Im Tour du Monde. IV. 87 (1861).
[3] Missionar D. CARLO SALERIO in PETERMANNS Mitteilungen. 1862. 342.
[4] SALERIO a. a. O. 343.

Den Kannibalismus der Melanesier des Bismarck-Arch
kennt WILFRED POWELL aus eigener Anschauung, er wohnte
Menschenfressermahlzeiten bei und sein Reisewerk ist ein fortla
der Bericht über die verschiedensten kannibalischen Einzelh
Beim Häuptling Toragood der Duke of York Insel bei Neu
tannien sah POWELL abgehackte Menschenglieder an einem T
baum hängen. Von einem bei seinem Hause liegenden Leich
sagte Toragood: „der Mann half meine Mutter verzehren";
kam er selbst an die Reihe. „Ich glaube, sagt POWELL, es is
diese armen Geschöpfe fast unmöglich den Kannibalismus a
geben, so groß ist ihre Begierde nach Menschenfleisch." Fr
werden durch die Heirat völliges Eigentum des Mannes und
letzter erzürnt ist, kann er die Frau töten, um sie zu verze
was vorkommt. Jeder Häuptling hat zwei ständige Minister:
Sprecher und einen Schlächter. Ersterer besorgt das Reden,
terer das Schlachten und Zerlegen. Das wertvollste Stück
Manne ist der Schenkel, vom Weibe die Brust. Der Kopf
nie gegessen, ebensowenig die Eingeweide, welche man versch
Bein- und Armknochen von Feinden werden am stumpfen
der Speere befestigt; die Eingebornen glauben, dies verleihe
die Stärke des Mannes, dessen Gebein sie tragen und mache
unverwundbar gegenüber den Verwandten der Gefressenen. S
verzehren sie einen Mann aus ihrem eignen Stamm. Sollte
einer von seinem Häuptling getötet oder wegen Verbrechen h
richtet sein, so kann der Leichnam an einen andern Stamm
kauft werden. Auch die Neu-Irländer sind Kannibalen.[1]

Den Naturforschern des „Challenger" erschienen die Bew
der Admiralitätsinseln unzweifelhaft als Kannibalen; sie ze
ihnen durch Pantomimen, wie sie menschliche Glieder kochten
verzehrten.[2]

Salomonen. Am 7. Februar 1567 entdeckte der Sp
ALVARO MENDANA DE NEYRA die Salomonen, landete auf der
ihm so benannten Insel Santa Ysabel im Sternhafen (Puerto
Estrella) und trat mit den Eingeborenen in Verkehr, deren H
ling Tauriqui Biliban Harra nach polynesischer Sitte durch Na
tausch mit ihm Freundschaft schloß. Während eines zweim
lichen Aufenthalts hatte er Gelegenheit, die Sitten der Eingebo

[1] W. POWELL, Unter den Kannibalen von Neu-Britannien. Leipzig
60. 82. 87. 219.
[2] SPRY, Die Expedition des Challenger. Leipzig 1877. 245. 248.

genügend kennen zu lernen, deren Anthropophagie ihm sofort auffiel. „Diese Menschen, sagt er, sind Barbaren, Anthropophagen, Fresser von Menschenfleisch; sie verschlingen sich untereinander, wenn sie Kriegsgefangene machen und selbst dann, wenn sie, ohne in offener Feindschaft miteinander zu sein, sich durch Hinterlist gefangen nehmen. Der Beweis, daß sie Anthropophagen sind, besteht darin, daß sie dem General bei verschiedenen Gelegenheiten Stücke von Indianern anboten, als ein sehr delikates und von ihnen geschätztes Gericht".[1]

Seitdem haben alle Reisenden und Missionare, welche von den Salomons-Inseln berichteten, deren Bewohner als unzweifelhafte Kannibalen geschildert. Die Anthropophagie besteht dort völlig unvermindert fort, wofür wir Belege aus der allerneuesten Zeit anführen wollen. Im Jahre 1872 besuchte das britische Kriegsschiff Blanche, Kapitän Courtland H. Simpson, die Insel Ysabel, wo sich ihm in einem der an der Küste gelegenen Dörfer ein schauderhafter Anblick darbot. An dem Hause eines Häuptlings waren 25 Köpfe von Feinden angenagelt, welche erst vor drei Wochen hinterrücks getötet und dann verspeist worden waren.[2]

Noch eingehender berichtet Kapitän Edwin Redlick vom Schoner „Franz", der in neuester Zeit eine Kreuzfahrt durch das Inselgewirr des westlichen stillen Ozeans bis Neu-Guinea unternahm. Er ankerte in der Makira-Bai der Insel San Christoval (Bauro) und ging, begleitet von einem dort wohnenden Engländer, Perry, der Jagd wegen aus Land. „Beim Verlassen der Bai begegneten wir verschiedenen großen Canoes und an eins derselben heranrudernd, fanden wir, daß in demselben ein zugerichteter oder gekochter Leichnam lag. Perry nahm die Sache kühl, als etwas alltägliches und da er uns höchst entsetzt sah und den Matrosen übel wurde, bemerkte er, daß er mindestens zwanzig Körper in diesem Zustande gesehen habe, die gleichzeitig am Strande lagen, um verspeist zu werden. An Bord des Kriegscanoes waren zwei Gefangene, ein

---

[1] Courte relation du voyage que fit Alvaro de Mendana à la recherche de la Nouvelle-Guinée, traduit de l'espagnol par M. Ed. Dulaurier. Nouvelles Annales des Voyages. Juillet 1852. — Figueroa, der auch eine Schilderung der Reise des Mendana 1612 in Madrid veröffentlichte, erzählt den Vorfall folgendermaßen: „Der Kazike sandte Mendana das Viertel eines Kindes mit Arm und Hand. Der spanische General ließ es in Gegenwart jener, die es gebracht, vergraben. Sie schienen beleidigt und verwirrt von dem schlechten Erfolge ihrer Gesandtschaft und schlichen mit gesenktem Haupte hinweg."

[2] Zeitschrift der Gesellschaft für Erdkunde zu Berlin. VIII. 96 (1873).

Knabe und ein Mädchen von etwa 14 Jahren. In der Absicht, ihr Leben zu retten, erbot ich mich sie zu kaufen; doch konnte ich bieten, was ich wollte, die Eingeborenen gingen nicht darauf ein. Wir hörten später, daß die Schwarzen nach Makira gingen, die Hälfte des Körpers dort verkauften und das Übrige einem andern Stamm; auch ihre beiden Gefangenen verkauften sie. Wir kamen bald nachher an zwei Häuser, in denen eine große Zahl Schädel von Leuten aufbewahrt wurden, die sie gefressen hatten. Wir fanden die Eingeborenen ruhig und inoffensiv, doch alle Kannibalen.“[1]

Die neuesten Nachrichten über den Kannibalismus auf den Salomonen verdanken wir dem dort stationierten katholischen Missionar VERGUET. Er ist dort noch *en pleine vigueur;* die Eingeborenen kennen nichts delikateres als Menschenfleisch. Das ganze Dorf erschallt von Freudenrufen, wenn ein Kannibalenfest stattfindet, man zerschlägt Kokosnüsse, raspelt Taro und Ignamen, um Pasteten zu backen, während der Leichnam zubereitet wird. VERGUET schildert als Augenzeuge; nach ihm ward der Kadaver in große Bananenblätter gewickelt und dann mit stets erneuerten heißen Kieseln umgeben, bis er gar war. So bleibt das Fleisch saftig. Man sieht sich vor, daß die Haare nicht verbrannt werden; diese zieht man skalpartig mit der Haut ab und setzt diese Perrücke auf eine Kokosnuß, die im Gemeindehaus aufgehangen wird. Wenn die Insulaner Menschenfleisch verzehren, verstecken sie sich vor den Europäern, doch verbergen sie die Sache nicht, wenn sie zufällig bei ihren Mahlzeiten überrascht werden. Nicht selten, namentlich auf Ysabel, sieht man Armbänder von Menschenzähnen oder am Halse der Eingeborenen hängen Finger, Ohren oder andere Teile *qu'on ne nomme pas.* Nach VERGUET scheint keinerlei besonderer Aberglauben hier mit dem Kannibalismus verknüpft zu sein.[2]

Neu-Hebriden. COOK und seine Begleiter, welche nicht „so lieblos“ sein wollten, die Bewohner der Neu-Hebrideninsel Tanna auf eine bloße Vermutung hin der Anthropophagie zu beschuldigen, wurden verhindert, in das Innere der Insel vorzudringen, wobei man ihnen andeutete, man würde sie, falls sie weiter vorwärts gingen, fressen. „Sie deuteten durch Zeichen sehr verständlich an, daß sie einen Menschen zuerst totschlügen, hierauf die Glieder einzeln ablöseten und dann das Fleisch von den Knochen schabten. Endlich setzten sie die Zähne an den Arm, damit uns gar kein

---

[1] A cruise among the cannibals. Ocean Highways. Dezember 1873. 361.
[2] Revue d'Ethnographie. IV. 214 (1885).

Zweifel übrig bleiben sollte, daß sie wirklich Menschenfleisch äßen."[1]
Und noch wiederholt geschah während der Anwesenheit des Ent-
deckers dasselbe, so daß schon damals kein Zweifel darüber herrschen konnte, die Bewohner von Tanna seien Anthropophagen.
G. Forster, nach dem Grunde forschend, ruft dann aus: „Gemeinig-
lich pflegt man dieselbe dem äußersten Mangel an Lebensmitteln
Schuld zu geben; allein was für einer Ursache will man sie hier
beimessen, wo das fruchtbare Land seinen Einwohnern die nahr-
haftesten Pflanzen und Wurzeln im Überfluß und nebenher auch
noch zahmes Vieh liefert? Wohl ungleich wahrscheinlicher und
richtiger läßt sich diese widernatürliche Gewohnheit aus der Begierde nach Rache herleiten."[2]

Die Neu-Hebriden-Bewohner sind, wie die übrigen Melanesier,
bis zu dieser Stunde greuliche Kannibalen. Der Missionar George
Turner, der lange auf Tanna lebte, bemerkt von den dunkelfarbi-
gen Eingeborenen: „Wenn der Körper eines Feindes erhalten wird,
richtet man ihn für den Ofen her und serviert ihn bei der nächsten
Mahlzeit mit Yams. Es kann darüber kein Zweifel herrschen. Sie
sind ganz erpicht auf Menschenfleisch und verteilen es in kleinen
Bissen weit und breit unter ihre Freunde als eine köstliche Speise.
Ich erinnere mich eines Tages mit einem Eingeborenen darüber
gesprochen zu haben und versuchte, ihm die Sache vergeblich zuwider zu machen. Er nahm alles mit herzlichem Lachen auf und
antwortete: „Schweinefleisch ist gut für Sie, dies aber paßt für
uns," und indem er mich wie durch die That überzeugen wollte,
biß er in seinen Arm und schüttelte ihn, als ob er mit den Zähnen
ein Stück herausbeißen wollte. Auf anderen Inseln ist es anders,
doch auf Tanna ziehen kannibalische „Kenner" einen schwarzen
Mann einem Weißen vor. Der letztere, sagen sie, schmecke „salzig".
Sie betrachten alles, was ihnen in den Weg kommt, als „Fisch",
wie die Niedermetzelungen weißer Männer gezeigt haben.[3]

Wie auf Tanna, so liegen die Verhältnisse auf den übrigen
Eilanden der Neu-Hebriden, auf Erromango[4], Malikollo, Espiritu
Santo. Von dieser nördlichen Insel haben wir einen den Kanniba-
lismus bestätigenden Bericht des dort wohnenden Missionars John

[1] G. Forster, Sämmtliche Schriften. II. 232.
[2] Forster a. a. O. II. 243.
[3] George Turner, Nineteen Years in Polynesia. London 1861. 83.
[4] Auf dieser Insel wurde am 20. November 1839 der „Apostel der Südsee",
Williams, nebst seinem Gefährten Harris verzehrt.

Goodwill, der vom 24. Juni 1873 datiert ist.[1] Es herrschte einer
der häufigen Kriege unter den Eingeborenen. „Der zwei Miles
von meiner Station wohnende Häuptling tötete fünf ‚Buschleute‘
und verteilte sie unter die uns befreundeten Dorfbewohner, damit
sie sich daran ergötzen möchten. Ich that alles, was in meiner
Macht stand, sie davon abzuhalten und erklärte ihnen, wie ab-
scheulich der Kannibalismus sei. Ihre ständige Antwort aber war:
Es waren Ihre Feinde, die Sie zu töten und auszuplündern suchten;
sie stahlen Ihre Hühner, zerbrachen Ihre Fenster, Möbel u. s. w.
und das ist Grund genug, sie zu töten und zu verzehren.“
       Auch der Schweizer O. Rietmann, welcher die Neu-Hebriden
besucht hat, bemerkt nach den Angaben dortiger Missionäre, daß
die Eingeborenen von Mallicolo arge Kannibalen seien. Während
er sich auf Deck die Hände wusch, kam ein Schwarzer grinsend
auf ihn zu, ergriff seinen Arm und gab zu verstehen, daß der gut
zu essen sei. Sein Geberdenspiel und das mehrfach wiederholte
Wort kaikai, daß in den meisten Dialekten der Gruppe „essen“
bedeutet, zeigten genügsam an, wonach ihn gelüstete. „Wenn, sagt
Rietmann, unter den Eingeborenen Australiens manche Stämme
Kannibalen sind, so erklärt sich das. Die Natur hat sie nur karg
mit Nahrung aus dem Tier- und Pflanzenreiche beschenkt und man
begreift, daß solche Wilden ihre Zuflucht zu Menschenfleisch nehmen.
Aber auf den von der Natur geradezu beglückten Inseln der Süd-
see bringt die Natur nahrhafte und wohlschmeckende Pflanzen in
Fülle hervor: Yams, Taro, Brotfrucht, Bananen und viele andere;
den Eingeborenen stehen Schweine, Vögel und Fische zu Gebote,
und doch sind sie auf manchen Eilanden die eingefleischtesten
Kannibalen.“[2]
       Noch einige Nachrichten finden wir bei Eckardt.[3] Nach ihm
ward auf Aneityum 1853 der letzte Mensch gefressen; an den
Küsten derjenigen Inseln, wo häufig Europäer verkehren, ist die
Anthropophagie verschwunden, doch im Innern dauert sie fort; so
bei den Ermama Kararei, den Buschleuten, auf Tanna. Das Schiff
Rosario konstatierte 1871 beim Besuche Espiritu Santos noch un-
verblümte Vorliebe für Menschenfleisch. Auf Vaté dagegen liefert
man die im Kriege Erschlagenen den Verwandten gegen eine Anzahl Schweine aus.

---

       [1] The illustrated Missionary News. 1. Januar 1874.
       [2] O. Rietmann, Wanderungen in Australien und Polynesien. St. Gallen
1868. 171.
       [3] M. Eckardt, Der Archipel der Neu-Hebriden. Hamburg 1877. 15.

Neu-Caledonien. Als Cook 1774 Neu-Caledonien entdeckte, erkannte er die seitdem festgestellte Anthropophagie der Eingeborenen nicht, ja er erzählt sogar eine Geschichte, wie die Insulaner sich erstaunt und angeekelt von den Matrosen abgewendet hätten, welche einen Rinderknochen benagten, wobei sie nicht undeutlich zu verstehen gaben, daß sie glaubten, jene nagten an Menschenknochen, da ihnen größere Säugetiere völlig unbekannt waren.

Alle späteren Reisenden und namentlich die auf Neu-Caledonien angesiedelten Franzosen bestätigen dagegen den ausgedehnten Kannibalismus der schwarzen Eingeborenen. Der Schiffsarzt Rochas sagt trocken, wenn auch nicht ganz richtig: *L'anthropophagie est purement alimentaire chez les Néo-Calédoniens.* Sie führen Krieg aus keinem anderen Grunde als um sich Fleisch zu verschaffen, da in ihrem Lande von Säugetieren nur eine Fledermausart vorkommt, die nicht eßbar ist. Nach dem Kampfe werden die wenigen Toten in Stücke zerhackt und unter die Häuptlinge verteilt. Die Neu-Caledonier ziehen das Fleisch ihrer Landsleute demjenigen der Europäer vor, da letzteres ihnen zu salzig schmeckt. Daß die Häuptlinge allein das Recht haben die Körper der Feinde zu verzehren beruht auf angemaßtem Privileg; sie verteilen dann das erhaltene Fleisch in ihren Familien.[1] Völlig beglaubigt ist der Fall, daß im Jahre 1850 fünfzehn Mann von der Besatzung des französischen Kriegsschiffs Alemène von den Neu-Caledoniern erschlagen und verzehrt wurden.[2]

Noch weit eingehender spricht sich der Ingenieur Jules Garnier über den Kannibalismus aus. Sein Besuch Neu-Caledoniens fällt in das Jahr 1864, er hat vortrefflich darüber geschrieben und wiederholt mit eigenen Augen die Kannibalenschmausereien gesehen.[3] Die Gegend, in welcher er beobachtete, ist der Distrikt von Houagap an der Nordostküste, wo von befreundeten Eingeborenen sehr häufig den französischen Postenkommandanten das Fleisch von erlegten Feinden angeboten wurde. Garnier wohnte einem Pilufeste des Widustammes bei, der die französische Herrschaft anerkannt hat. Im Schein des Feuers sah er zwölf Häuptlinge sitzen, zwischen denen auf Bananenblättern Stücke gebratenen Menschenfleisches mit

[1] De Rochas, Sur les Néo-Caladoniens. Bull. soc. d'Anthropol. 1860. 414.
[2] Bull. soc. d'Anthropol. 1862. 566.
[3] Jules Garnier, Voyage à la Nouvelle Calédonie. Tour du Monde. Vol. XVI. 11. Paris 1868.

gekochten Yams und Tarowurzeln lagen. Es waren die Leichen der
im Kampfe erschlagenen Feinde, welche das Material zu dem gräßlichen Mahle geliefert hatten. Folgen ekelhafte Einzelheiten, die
wir hier übergehen.

GARNIER hat sich die Frage vorgelegt, wie die Neu-Caledonier
und die Melanesier überhaupt zu der gräßlichen Sitte gelangt sind
und teilt uns ein Gespräch mit, das er darüber mit einem Neu-
Caledonier geführt hat. Dieser erklärte die Sache damit, daß die
Europäer andere und bessere Speisen hätten; für die Neu-Caledonier
aber sei Menschenfleisch das beste. Das wäre also eine physiologische Entschuldigung der Unsitte. Übrigens benutzte man nicht
bloß erschlagene Feinde und Kriegsgefangene, sondern auch Übel-
thäter zum Verzehren; letztere wurden auf Befehl des Häuptlings
getötet. Ferner wurden alte Leute und zwar mit ihrer Genehmigung
den Göttern geopfert und gegessen. Endlich sollen nach GARNIER
auch mißgestaltete Kinder von ihren eigenen Eltern geschlachtet
und gefressen werden.

Auch der Missionar X. MONTROUZIER, welcher zwanzig Jahre
auf Neu-Caledonien zugebracht hat, ist in der Lage gewesen sehr
eingehend über die dortige Anthropophagie zu berichten. Die Insel
ist in zwei große Conföderationen gespalten, die der Ot und die
der Wawap. Die Kriege zwischen beiden werden bis aufs Messer
geführt und diejenigen, welche in der Schlacht fallen, werden von
den Siegern verzehrt, deren Erfolg nicht als vollständig gilt, wenn
sie sich nicht die Leichen der Feinde verschaffen können. Alte
Rivalität, bei dem geringsten Anlasse erneut, führt zu diesen Kriegen, die man außerdem zu bestimmten Zeiten unternimmt. So
pflegte der zu den Ot gehörige Stamm der Puebo alle fünf Jahre
den zu den Wawap gehörigen Stamm der Balade zu überfallen.

Abgesehen von den Kriegen haben die Neu-Caledonier noch
andere Mittel sich Leichen für den Ofen zu verschaffen. Dahin
gehört zunächst die Anklage wegen Zauberei und jeder, der einmal
angeklagt wird, ist sicher, auch geopfert zu werden, denn Anklage
und Verurteilung sind eins. Die Häuptlinge pflegen hiervon reich-
lichen Gebrauch zu machen.

Auch bei den Festlichkeiten verschafft man sich Menschenfleisch, indem man einen oder mehrere der geladenen Gäste tötet.
Der Häuptling bestimmt seinen Vertrauten das Schlachtopfer; ein
plötzlicher Tumult wird erregt und der Betreffende dabei erschlagen,
nur um das nötige Fleisch zum Feste zu liefern. Die Häuptlinge
töten oft ihre eigenen Untertanen, um sich Fleisch für Gäste zu

verschaffen, wofür MONTROUZIER verschiedene Beispiele anführt.
Daß aber die Schlachtopfer vorher gemästet werden, bestreitet der
Missionar auf das Entschiedenste.[1] Wenn nun im Jahre 1873 BALANSA von Neu-Caledonien schreibt:
Aujourd'hui heureusement cette horrible coutume a disparu de l'île[2], so
müssen wir dem leider das viel jüngere Zeugnis MONCELON's gegen-
überstellen, welcher noch heute vorkommende Fälle von Anthropophagie erwähnt; namentlich werden Weiber weggefangen und verzehrt. Auch er führt teils Hunger, teils Rachsucht als Motive an.[3]

Auf den Loyalitätsinseln bei Neu-Caledonien haben wir das
Aufhören der Anthropophagie den Missionaren zu verdanken. Trotz
des Zwiespaltes, in den die Eingeborenen durch die einander feindlich gegenüberstehenden katholischen und protestantischen Missionare gerieten, ist dort ein Fortschritt zu bemerken gewesen, aber
mit diesen eine totale Umwälzung unter den Eingeborenen hervor-
rufenden Fortschritten ist auch ihr Untergang besiegelt. Sie nehmen
an Zahl stark ab. *L'idolatrie a disparu depuis peu d'années, et avec
elle l'anthropophagie et tous les maux qu'elle entraîne. A des tribus
indépendantes et en état de guerre presque permanent, guerres qui le
plus souvent avaient pour enjeu la chair humaine, une religion toute
de paix est venue.*[4] So wie auf der Hauptinsel Lifu liegen auch die
Verhältnisse auf den beiden kleinern Inseln Maré und Uea.

Noch 1845 fand TURNER auf Maré den gräßlichsten Kannibalismus, der ganze Körper wurde in sitzender Stellung, die Beine
zum Kinn heraufgezogen, im Ofen gebraten und so aufgetischt.[5]

Fidschi-Inseln. Auf diesen, wo der Kannibalismus zu den
sozialen Einrichtungen gehörte, hat derselbe wohl seinen höchsten
Grad erreicht. Die Ursachen dafür sind auch dort verschiedener
Art. Wir erkennen dieselben am besten, wenn wir dem Berichte
des Missionars THOMAS WILLIAMS folgen[6], der sich längere Zeit
auf den Inseln aufhielt.

Daß nicht bloß Geschmack am Menschenfleisch die Insulaner
zum Kannibalismus trieb, erkennt man daran, daß derselbe im Zusammenhang mit den Tempelbauten oder dem Stapellauf der Kähne
vorkam. Menschen wurden als Walzen bei letzterem benutzt und

---

[1] Bull. soc. d'Anthropol. 1870. 30 ff.
[2] B. BALANSA, Nouvelle Calédonie. Bull. d. l. soc. de géographie. 1873. 139.
[3] Bull. soc. d'Anthropol. 1885. 363.
[4] BALANSA, Les iles Loyalty. Bull. d. l. soc. de géogr. 1873. 528.
[5] G. TURNER, Nineteen years in Polynesia. London 1861. 427.
[6] Fiji and the Fijians. London 1858. I. 205 ff.

dann den Zimmerleuten zur Speise übergeben. Das Deck der neuen Kähne wurde mit Menschenblut abgewaschen; wird der Mast zum ersten Male niedergeholt, so schlachtet man ebenfalls Menschen ab und verspeist sie. Hier liegt sicher ein abergläubisches Motiv zu Grunde: durch die Menschenopfer wollte man den Kähnen glückliche Fahrt verschaffen.

Daß die natürlichen Todes Gestorbenen verzehrt wurden, leugnet WILLIAMS; man begrub dieselben stets. Auch die im Kriege Erschlagenen wurden nicht immer alle gefressen; denn die Leichen Hochstehender wurden davon zuweilen ausgenommen. Auch ist manchmal die Masse des vorhandenen Menschenfleisches zu groß, um verzehrt werden zu können, so daß man Stücke wegwarf. Im Jahre 1851 wurden einmal zu Namena fünfzig Kadaver gleichzeitig gekocht, es war Überfluß an Fleisch vorhanden, so daß man die Köpfe, Hände, Eingeweide wegwarf und nur das übrige verzehrte. Ist wenig Menschenfleisch vorhanden, so verzehrt man jedoch alles am Körper.

Wenn die Körper für den Ofen zugerichtet werden, so wird dieses durch einen besonderen Trommelschlag kund gethan. „Bakolo", der für das Kannibalenmahl bestimmte Körper des Erschlagenen, wird unter bestimmten, von WILLIAMS mitgeteilten Gesängen und Kriegstänzen herangeschleppt, vor dem Häuptling niedergeworfen und von diesem dem Priester übergeben, um ihn dem Kriegsgott zu opfern — woraus ein religiöses Motiv sich für diese Form des Kannibalismus ergiebt. Während der große Ofen geheizt ist[1], zerlegt ein Fleischer kunstgerecht den vorher gewaschenen Körper; die einzelnen Teile werden in Blätter gewickelt und dann auf die heißen Steine gelegt. Zuweilen werden die Kadaver auch ganz, in sitzender Stellung gebraten. Kocht man dagegen das Menschenfleisch, so löst man es vorher von den Knochen.

Wie sehr auch Rachsucht beim Kannibalismus dieser Insulaner das Motiv ist, erkennt man daraus, daß, als 1850 Tuikilakila seinen eigenen ihm feindlichen Vetter Ratu Rakesa besiegte, ersterer nicht zugab, daß der Leichnam des letzteren begraben wurde. Er ließ ihn dem Kriegsgott opfern und sprach dabei: „Wäre ich in seine Hände gefallen, so hätte er mich verzehrt; nun er mein ist, verzehre ich ihn". Daß aber auch reine Genußsucht nach Menschen-

---

[1] Die Öfen sind bis 3 Meter tiefe und sehr weite Löcher in der Erde, welche mit Steinen ausgelegt sind und mit Holz geheizt werden. Sind die Steine heiß geworden, so legt man den zu kochenden Gegenstand darauf und deckt ihn mit Laub und Asche zu. WILLIAMS. I. 147.

fleisch Beweggrund für die Anthropophagie ist, ergiebt sich aus folgendem abscheulichen Fall. Ein gewisser Loti ging mit seinem Weibe in die Taropflanzung, um dort zu arbeiten. Als das Werk gethan war, ließ er sie Holz holen, den Ofen heizen und einen Bambussplitter herbeibringen, um die Speise zu zerlegen. Nachdem sie gehorsam dieses ausgeführt, erschlug er das Weib, kochte und verzehrte er es, wobei ihm von einem Bekannten Gesellschaft geleistet wurde. Niemals hatte der Unmensch mit dem Weibe, mit dem er ruhig lebte, Streit gehabt. Schiffbrüchige verzehrt man regelmäßig, da der Glaube herrscht, das Meer habe sie nur darum nicht verschlungen, damit sie verspeist werden könnten.

Einzelne heidnische Häuptlinge verabscheuten allerdings den Kannibalismus und konnten nie dazu vermocht werden Menschenfleisch zu essen. Diese aber waren Ausnahmen von der Regel. Die Anthropophagie war weit verbreitet und Menschenfleisch galt als Delikatesse. Man raubte Menschen um sie zu fressen. Dabei wurde weder Alter noch Geschlecht verschont, Kinder wie Greise wanderten in den Ofen. Herz, Schenkel und Oberarm galten als die größten Leckerbissen, der Kopf war weniger beliebt.

Die Weiber aßen selten „Bakolo" und einigen Priestern war es verboten. Auf der Insel Moala wurden sogar oft die Gräber geöffnet, um die Leichen daraus als Nahrung zu verwenden. Häuptlinge sandten zuweilen ihren Freunden Leichname als Geschenk in weite Entfernung. Während der Insulaner sonst alles Fleisch nur im durchaus frischen Zustande verzehrt, erregt ihm faulendes Menschenfleisch keine Abscheu. Gewöhnlich kocht man Menschenkörper allein und die Öfen und Töpfe, in denen sie zubereitet wurden, sind ebenso streng tabu wie die bei der Mahlzeit benutzten Schalen und Gabeln. Zuweilen dienen die Schädel der Opfer als Trinkschalen, aus den Schienbeinen macht man Nadeln zum Segelnähen. Der schrecklichste, bei der Anthropophagie vorkommende Brauch jener Insulaner, ist aber das vakototoga, die Tortur, wobei dem noch lebenden Feinde Stücken Fleisch vom Körper abgeschnitten, dann gekocht und vor seinen Augen verzehrt werden. WILLIAMS erzählt von einem Häuptling, der 900 Menschen verzehrt hatte, deren Zahl durch aufgestellte Steine bezeichnet wurde.

Während die Polynesier bis zur Zeit der Ankunft der Europäer die Töpferei nicht kannten, besaßen die Fidschi-Insulaner schon Töpfe und in diesen kochten sie ihre Speisen, zumal auch das Menschenfleisch. Noch mehr, sie bedienten sich auch der Gabeln, was um so mehr auffallen muß, als dieses Kulturinstrument

selbst bei uns in Europa ziemlich späten Datums ist. Wir wissen,
daß sie zu ihren Kannibalenmahlzeiten ganz besondere, aus Holz
geschnitzte Gabeln gebrauchten, die als Erbstücke in den Familien
sich erhielten und mit individuellen Namen belegt waren, wie denn
die Gabel eines Häuptlings, der sich durch großen Kannibalismus
auszeichnete, undro-undro hieß, d. h. „ein kleines Ding, das eine
große Last trägt."[1]

WILLIAMS, der durchaus glaubwürdige Missionar, sagt ausdrücklich, daß er in seinem Berichte alle Färbung vermieden habe
und daß er das schauderhafte Bild durch Mitteilung mancher Einzelheiten noch düsterer habe gestalten können. Es wird anderweitig
genügend bestätigt.

Wer sich für die scheußlichen Einzelheiten interessiert, die bei
den Kannibalenmahlzeiten der Fidschi-Insulaner stattfinden, der
möge den Bericht des englischen Matrosen JOHN JACKSON nachlesen, der 1840—42 freiwillig unter ihnen lebte.[2] Diese eingehen-
den und ausführlichen Berichte liegen allerdings vierzig und fünfzig
Jahre zurück. Seitdem haben die Fidschi-Inseln, die jetzt britische
Besitzung sind, auch eine europäische Bevölkerung, wenigstens an
ihrem Rande und auf den kleinen Eilanden erhalten: der 1883 verstorbene König Thakombau war Christ geworden, die Missionare
sind thätig und die Anthropophagie hat abgenommen. Aber ganz
ausgerottet ist sie noch keineswegs, und der Insulaner, der heute
als guter Christ erscheint, kann morgen, wenn Gelegenheit sich
bietet, wieder plötzlich in die alte Gewohnheit zurückverfallen.
Fälle von Kannibalismus sind nicht ganz selten und man darf die
Insulaner noch zu den Anthropophagen rechnen. Im Juli 1867
verließ der zu Mbau angesiedelte wesleyanische Missionar T. BAKER
nebst mehreren Gefährten, trotz verschiedener wohlgemeinter War-
nungen, seine Station, um im Innern von Viti Levu bei dem Stamme
der Navosa das Christentum zu predigen: Er wurde erschlagen und
verzehrt.[3] Glücklicher passierte dieselbe Stelle zwei Jahre vorher
Dr. EDUARD GRÄFFE, der über den Kannibalismus, wie er gegenwärtig auf den Fidschi-Inseln herrscht, bemerkt, daß wesentlich
der Geschmack am Menschenfleisch dort die noch nicht ganz aus-
gerottete Anthropophagie begründe.[4]

[1] WILLIAMS, Fiji. I. 213.
[2] Er ist abgedruckt im Appendix A. im Journal of a cruise among the
islands of the western Pacific by JOHN ELPHINSTONE ERSKINE. London 1853.
[3] Globus. XIII. 25.   [4] PETERMANNS Mitteilungen. 1869. 62. 67.

Indessen haben wir doch gesehen, daß außer der reinen Gourmandise, welche allerdings bei den Fidschi-Insulanern in Bezug auf Menschenfleisch nicht geleugnet werden kann, noch anderweitige Beweggründe der Anthropophagie auf diesen Inseln herrschte. Auch ERSKINE[1] berichtet, daß die erschlagenen Feinde den Göttern geweiht wurden, bevor man sie fraß.

Die Weihung der zu Fressenden den Göttern, das Tabu, welches dabei über manche Gegenstände ausgesprochen war, beweisen den ursprünglich religiösen Beweggrund der Anthropophagie, wozu dann noch Rachsucht sich gegen den erschlagenen Feind gesellt, die schließlich in Feinschmeckerei und gewohnheitsmäßigen Menschenfleischgenuß überging. So haben wir eine völlige Skala.

Ein furchtbarer Ausbruch des Kannibalismus, der wie eine Seuche ganze Distrikte erfaßte und an dem auch bereits „bekehrte" Stämme Teil nahmen, fand im Jahre 1873 statt. Besonders waren die Kannibalen, die Alles mordeten und fraßen, was ihnen unter die Hände kam, darauf erpicht, „einen Jehovapriester zu fressen", was ihnen indessen nicht gelang. Die Einzelheiten schildert der zu Rewa angesessene Missionar A. J. WEBB.[2]

Sandwich-Inseln. In Melanesien, wo die Anthropophagie bis auf unsere Tage herrscht, scheint dieselbe den Höhepunkt erreicht zu haben; in Polynesien dagegen ist sie heute bis auf geringe Reste verschwunden. Der Einfluß der Missionare hat hier durchgreifend gewirkt, er konnte dieses um so mehr, als bereits im verflossenen Jahrhundert die Entdecker jene Unsitte im Absterben begriffen sahen. Daß sie aber einst allgemein über Polynesien verbreitet war, darf nicht bezweifelt werden.

Da GERLAND eine sehr große Anzahl von Belegstellen für den Kannibalismus der Polynesier zusammengestellt hat[3], so können wir uns hier etwas kürzer fassen.

Auf den Hawaiischen Inseln war wohl schon zu COOKs Zeiten die Menschenfresserei in der Abnahme begriffen, ja man schämte sich derselben. Daß Teile von COOKs Leichnam selbst verzehrt worden seien, wie wohl angegeben wurde, ist noch neuerdings von Dr. WINSLOW eingehend widerlegt worden, der überhaupt die Sandwich-Insulaner von der Anthropophagie freisprechen möchte.[4] Letzteres ist indessen ein vergebliches Beginnen, indem, nach FORSTER,

---

[1] A. a. O. 261.
[2] The illustrated Missionary News. 1. Dezember 1873.
[3] WAITZ, Anthropologie. VI. 157 ff.
[4] Nature, 10. Juli 1873. Vol. VIII. 211.

die Hawaier selbst erzählten, daß ihre Vorfahren Kannibalen gewesen seien; als ein Rest der Anthropophagie muß auch angesehen werden, daß der König bei seiner Einweihung that, als ob er das ihm dargereichte linke Auge eines geopferten Menschen verschlinge. JOHN TURNBULL, der in den ersten Jahren unseres Jahrhunderts die Südsee durchkreuzte, bemerkt dieses und glaubt überhaupt, daß zu seiner Zeit noch Anthropophagie vorkam. Er fand den Spucknapf des Königs mit den Zähnen erschlagener Feinde ausgelegt.[1] Durch das Verzehren des linken Auges glaubte man die Kraft des Herzens des Opfers in sich aufzunehmen.

Markesas-Inseln. Ist, wie von anderen polynesischen Eilanden, auch die Anthropophagie der Eingeborenen der Markesas-Inseln geleugnet worden, so kann daran doch keineswegs gezweifelt werden, wenn auch ein allmähliches Eingehen des Kannibalismus daselbst beachtet wurde, so daß derselbe gegenwärtig fast erloschen ist. Bemerkenswert bleibt, daß die Weiber sich an den Kannibalenschmausereien ebensowenig wie die Kinder beteiligen durften. Allgemein ausgeübt wurde sie nur im Kriege, wo man namentlich Augen und Herz, letzteres roh, verschlang. Von den Menschenopfern durften nach ELLIS außer den Priestern nur Häuptlinge und Greise essen.

CAMILLE DE ROQUEFEUIL, ein französischer Seemann, welcher 1817 auf den Markesas-Inseln des Sandelholzhandels wegen war, fand damals die Anthropophagie noch in voller Blüte. Sein Gewährmann war ein lange Zeit auf den Inseln ansässiger Engländer Namens Ross, der ihm berichtete, wie 1815 noch die ganze Mannschaft eines europäischen Bootes von den Einwohnern Wahitoas niedergemetzelt und verzehrt wurde. In viele feindliche, sich stets untereinander bekriegende Parteien getrennt, rieben sich die Insulaner untereinander auf. Die Leichen der erschlagenen Feinde sowie die Kriegsgefangenen wurden regelmäßig verzehrt und es gab nur eine Ausnahme von dieser Regel, nämlich dann, wenn die Priester im Namen ihrer Eatuas (Götter) dagegen einkamen. Gewöhnlich rettete diese Weihung das Leben des Gefangenen nicht, aber er wurde wenigstens nicht gefressen und man beerdigte ihn bei den Hütten, wo die Fetische in die Erde verscharrt waren.[2]

---

[1] JOHN TURNBULLS Reise um die Welt. Aus dem Englischen. Weimar 1806. 204.

[2] CAMILLE DE ROQUEFEUIL, Journal d'un voyage autour du Monde. Paris 1823. I. 320.

Berichte aus der jüngsten Zeit, welche die Anthropophagie der Markesaner bestätigen, sind folgende. Dem Irländer LAMONT, der 1852 als Geschäftsmann Nukahiwa besuchte, wurde in der Hanapae-Oao-Bucht von den Eingeborenen ein Ofen gezeigt, welcher kurz vorher erbaut war, um einen weißen Ansiedler zu braten, weil er einen der Ortshäuptlinge erschlagen.[1]

Im Jahre 1872 unternahm die französische Fregatte „La Flore" eine Expedition nach verschiedenen Inseln der Südsee und besuchte auch die Markesas. Berichte von dieser Reise hat der Schiffsfähnrich JULIEN VIAUD veröffentlicht und in einem derselben sagt er: Die Anthropophagie ist auf Nukahiwa seit mehreren Jahren erloschen und herrschte jetzt nur noch auf der Nachbarinsel Hivaoa (Dominica).[2] Noch neuer ist der Bericht CLAVELS. Dieser hält es für ausgemacht, daß die Anthropophagie auf den Markesas nicht in der Vorliebe für den Genuß von Menschenfleisch, sondern nur in der Befriedigung der Rachsucht begründet sei. Seine Anschauung begründet er durch folgende Beispiele: Vor wenigen Jahren wurde ein verstümmelter Leichnam gefunden; infolge der deshalb angestellten Untersuchung stellte sich heraus, daß die Mörder kleine Stückchen vom Fleisch des Ermordeten in Zündholzschachteln mit sich genommen und zwischen ihrer Nahrung genossen hatten. Ein Häuptling von Hatihéu, der seine Schwiegermutter verzehrt hatte, gab auf CLAVELS Frage, ob sie gut geschmeckt habe, eine abweisende Antwort. Jetzt ist die Anthropophagie dort so gut wie erloschen.[3]

Paumotu. Ursprünglich sind alle Bewohner der Paumotu-Inseln Anthropophagen gewesen und auf den östlichen sind sie es noch jetzt, was ihren Zusammenhang mit den Rarotongern (Hervey-Gruppe) beweist, bei denen das Menschenfressen allgemein geübt wurde; auf den westlichen Inseln ist es aber schon vor der Einführung des Christentums durch den Einfluß der Tahitier unterdrückt worden.[4] Auf dem östlich von den Niedrigen Inseln gelegenen Rapanui (Osterinsel) *cannibalism was practised four or six years since* (1802 oder 1864); *some Spaniards were eaten.*[5]

[1] LAMONT, Wild Life among the Pacific Islanders. London 1867.
[2] L'Illustration, Journal universel. Paris. 4. Oktober 1873. 228.
[3] Bull. soc. d'Anthropol. 1884. 497.
[4] MEINICKE, Der Archipel der Paumotu. Zeitschrift der Gesellschaft für Erdkunde zu Berlin. V. 396 (1870).
[5] PALMER im Journal Roy. Geogr. Soc. XL. 171 (1870).

Gesellschaftsinseln. MEINICKE nimmt an, auf Tahiti sei die Anthropophagie niemals Sitte gewesen.[1] Indessen da alle übrigen polynesischen Inseln sie kannten und teilweise noch kennen, so wird auch Tahiti keine Ausnahme gemacht haben, wenn auch der Kannibalismus dort zur Zeit der Entdecker schon in den letzten Zügen lag. Nur um zu prahlen, verschlangen dort einige Leute ein paar Bissen Rippenfett wie Cook und ELLIS bezeugen, und das Darreichen des Auges eines Geopferten war hier so gut Sitte wie auf den Sandwich und Samoa-Inseln. WILSON berichtet darüber folgendermaßen: Motuaro, das Oberhaupt von Eimeo, leistete dem jungen Könige (Pomare, Otu), der auf den Schultern eines Mannes getragen wurde und von allen seinen Vornehmen umgeben war, seine Huldigung. Er brachte von Eimeo drei Menschenopfer, der Priester höhlte von jedem ein Auge aus und reichte es auf einem Pisangblatte dem Oberherrn dar. Zugleich hielt er dabei eine feierliche Rede; die toten Körper wurden hierauf fortgetragen und im Morai begraben. Dieselbe Ceremonie wurde hernach von einem jeden Oberhaupte oder Fürsten der verschiedenen Distrikte wiederholt. Einige brachten ein, andere zwei Menschenopfer; sie waren an einem langen Pfahl befestigt und wurden nach Überreichung des Auges beerdigt.

„Man erklärte die grausamen Opfer auf folgende Art: der Kopf wird für heilig gehalten, und das Auge für dessen kostbarsten Teil. Dies wird daher dem Könige, als des Volkes Haupt und Auge, überreicht. Bei der Überreichung des Auges sperrt der König den Mund auf, als ob er es verschlingen wolle. Hierdurch glauben sie, erhalte er großen Zuwachs von Weisheit und Klugheit; auch glauben sie, daß ein Schutzgott bei dieser Feierlichkeit zugegen sei, das Opfer annehme und durch Mitteilung von mehr Lebenskraft die Seele des Königs stärke."[2] ELLIS erzählt Kannibalengeschichten von der kleinen westlich von Tahiti gelegenen Insel Tapamanoa.[3]

Ist dies schon als Rest der ehemals auf Tahiti herrschenden Anthropophagie aufzufassen, so erhalten wir hierfür weitere Bestätigung durch ein von Cook mitgeteiltes Märchen: In den Bergen der Insel lebten vor Zeiten zwei Kannibalen, die großen Schaden verursachten. Zwei Brüder machten sich auf, sie zu töten, luden

[1] Zeitschrift der Gesellschaft für Erdkunde. V. 396.

[2] JAMES WILSON, Missionsreise nach dem südlichen Stillen Ozean in den Jahren 1796—1798. Aus dem Englischen. Weimar 1800. 338.

[3] Polynes. Researches. II. 223.

sie ein und setzten ihnen glühende in Brotfruchtteig gehüllte Steine vor. Der erste Kannibale starb daran; der zweite aber, gewarnt durch das Zischen der heißen Steine im Halse seines Gefährten, wollte nicht essen. Da überredeten ihn die Brüder, die Wirkung ginge rasch vorüber. Jener aß und starb. Die Brüder zerschnitten die Leichen der Menschenfresser und begruben sie. Eines der Weiber der Kannibalen, das zwei große Hauzähne hatte, aber kein Menschenfleisch aß, wurde nach seinem Tode unter die Götter versetzt. G. FORSTER schloß ganz richtig aus diesem Märchen, daß hierdurch auf ehemals weiter verbreitete Anthropophagie hingewiesen werde[1], was auch daraus erhellt, daß die Tahitier direkt zu COOKs Leuten ihre Vorfahren als *Tahe-ai*, Menschenfresser, bezeichneten.[2]

Samoa-Inseln. Hier ist der Kannibalismus jetzt erloschen. Daß er herrschte, darf nicht bezweifelt werden, wenn auch nur noch spärliche Anzeichen für denselben aufgefunden werden können. GEORGE TURNER berichtet, daß bei den Kriegen der Eingeborenen gelegentlich ein Leichnam gekocht wurde, doch war dies stets ein wegen seiner Grausamkeit berüchtigter Feind, von dem zu essen, als der Gipfelpunkt des Hasses und der Rache betrachtet wurde, nicht etwa um einem Gelüste zu fröhnen. Letzteres war jedoch in alten Zeiten wohl der Fall. „Ich will dich braten“, ist die größte Beleidigung, die man einem Samoaner zurufen kann, ja ein Häuptling erklärte auf diesen Schimpf hin Krieg. Stolze Häuptlinge verließen die Missionskapelle, wenn eingeborene Prediger vom höllischen Feuer berichteten. Unterwirft sich ein kriegführender Teil dem andern, so ist es Sitte, sich vor dem Sieger zu beugen und Brennholz und ein Bündel Laub emporzuhalten, wie sie beim Braten der Schweine benutzt werden, gleichsam als wollten sie sagen: „Töte und koche uns, wenns dir beliebt.“[3]

Nach W. J. PRITCHARD dem Jüngern sind die Samoa-Insulaner zwar im allgemeinen von der Anthropophagie freizusprechen; doch kommen einzelne Fälle noch immer vor, wenn auch hierbei eine gewisse Renommage der bewegende Grund zu sein scheint.[4]

Auf der nordwestlich von den Samoa-Inseln gelegenen Insel Rotumah, die gleichfalls von Polynesiern bewohnt ist, erscheint die

[1] G. FORSTER, Sämmtliche Schriften. II. 57.
[2] J. R. FORSTER, Bemerkungen auf seiner Reise um die Welt. 290.
[3] G. TURNER, Nineteen Years in Polynesia. London 1861. 194.
[4] Polynesian Reminiscences. London 1866.

Anthropophagie erloschen; als in TURNERS Gegenwart 1845 einige
Maoris die dortigen Insulaner aufforderten, die Leichen der im
Kriege Gefallenen zu verzehren, wiesen die Eingeborenen dies mit
Abscheu zurück.[1]

Tonga-Inseln. Auf diesen war gleichfalls zur Zeit der Entdecker die Anthropophagie im Erlöschen und kam nur noch infolge
von Hungersnot, wo nach MARINER auch Weiber sich beteiligten,
oder als Äußerung des Hasses vor. Ein beleidigter Insulaner erschlug seinen Feind, schnitt ihm die Leber, den Sitz der Leidenschaften, heraus und tauchte sie, zum Entsetzen der übrigen Tonganer, in sein Getränk. Die schlimmsten Flüche auf Tonga sind
nach MARINER: „Koche deinen Großvater" oder „Grabe deinen
Vater bei Mondlicht aus und friß ihn". Weiße zu fressen, galt für
schädlich, da einige Tonganer, welche drei Weiße gefressen hatten,
nach dem Genusse des Fleisches erkrankten und starben. Zu
MARINERS Zeiten (1818) hatten einige Tonganer auf den benachbarten Fidschi-Inseln die Anthropophagie wieder gelernt und übten
sie zur Abscheu ihrer Landsleute aus.[2]

Neu-Seeland. Als COOK auf seiner ersten Reise Neu-Seeland
wieder aufgefunden hatte und er beim Königin-Charlotte-Sund mit seinen Begleitern BANKS und SOLANDER ans Land gegangen war, sollte
er sofort mit eigenen Augen beobachten, wie Maoris neben einem
Hunde auch Menschenfleisch verzehrten, das in Körben neben
jenem lag. Auf die Frage, warum sie denn nicht den im Wasser
schwimmenden Leichnam einer Frau äßen, antworteten jene, die
Frau sei eines natürlichen Todes verstorben und ihre Verwandte,
sie aber verzehrten nur die Leichen ihrer in der Schlacht erlegten
Feinde. GEORG FORSTER nimmt Gelegenheit, die angezweifelte
Anthropophagie der Maoris zu bestätigen und macht die Bemerkung,
daß dieses Volk weit über die erste Barbarei hinaus sei, darum
also die Menschenfresserei desselben um so mehr auffalle. Mangel
an animalischer Nahrung könne nicht die Ursache dieses schrecklichen Gebrauches sein, denn überall gebe es Fische im Überfluß,
man züchte viel Hunde und auch an wilden Vögeln sei kein Mangel.
Was aber auch die Ursache sein möge, als sicher erscheine die
außerordentliche Vorliebe der Neu-Seeländer für Menschenfleisch.
Höchst wahrscheinlich, nimmt FORSTER an, liege Rachsucht zu
Grunde und mit der Zeit werde wohl der schauderhafte Gebrauch

---

[1] TURNER a. a. O. 358.
[2] MARINER, Tonga Islands.[2] London 1818. I. 321.

aufhören, wozu die Einführung der europäischen Haustiere wohl auch das ihrige mit beitragen werde.

Alle späteren Reisenden, sowie die Missionare bestätigten im vollsten Maße die weite Verbreitung der Anthropophagie unter den Neu-Seeländern und wenn die Missionare entsetzt darüber jammerten, antworteten die Maoris: „Die großen Fische fressen die kleinen, Hunde fressen Menschen, Menschen Hunde, Hunde einander, Vögel einander, ein Gott den andern."

Aus den Überlieferungen der Maoris soll hervorgehen, daß der Kannibalismus erst lange nach ihrer Einwanderung auf Neu-Seeland aufkam und HOCHSTETTER nimmt an, daß die Anthropophagie daselbst zur Zeit der Entdeckung ihren Gipfelpunkt erreicht hatte; den Frauen war übrigens der Genuß von Menschenfleisch nur in Ausnahmefällen gestattet. Was den Ursprung der Menschenfresserei betrifft, so ist derselbe Forscher der Ansicht [1], daß mit der Zunahme der Bevölkerung auf den Inseln das Erträgnis der ohnehin wenig ergiebigen Jagd und damit die einzige Quelle der Fleischnahrung immer spärlicher wurde, und daß um neue Jagdgebiete, um gutes Ackerland und um ergiebige Fischplätze Streitigkeiten entstanden, die zum Kriege führten. Durch diese Kriege verwilderte der Geist des Volkes, die Feldarbeiten wurden vernachlässigt, Not trat ein und Hunger im Verein mit Rachedurst und Haß führten im Kriege zu den ersten Fällen des Kannibalismus. Aber die Kriege dauerten fort, der Mangel an Fleischnahrung wird mit der allmählichen Ausrottung der Tier- und Vogelarten (der Moas etc.), die das Hauptjagdwild ausmachten, immer fühlbarer, und was anfangs nur in der höchsten Not und in der äußersten Aufregung der Leidenschaften als vereinzelter Fall vorgekommen, wurde nach und nach ein fürchterlicher Brauch, der erst dann wieder aufhörte, als durch die Einführung ergiebiger Nahrungsquellen dem Mangel und Elend abgeholfen und die Grundursache der blutigen Kriege gehoben wurde. Das geschah mit der Einführung der Schweine, Kartoffeln und Getreidearten durch die Seefahrer zu Ende des vorigen Jahrhunderts. Dazu kamen die wohlthätigen Einflüsse des Christentums, das die wilden Sitten milderte und so verzeichnet die Geschichte schon im Jahre 1843 — siebzig Jahre nach COOK — den letzten (?) wirklichen Fall von Kannibalismus. [2]

[1] HOCHSTETTER, Neuseeland. Stuttgart 1863. 469.
[2] „Saraca, der 'letzte' Menschenfresser auf Neuseeland, ist im April 1872 in Olunemuri gestorben. Er befehligte auf dem letzten Kriegszuge, nach wel-

Dieser Ansicht HOCHSTETTERs widerspricht aber GEORG FORSTERs Bemerkung auf das bestimmteste, daß zu seiner Zeit (COOKs zweite Reise) an animalischer Nahrung kein Mangel auf Neu-Seeland gewesen sei und auch wir sind geneigt, eher das von FORSTER hervorgehobene weit verbreitete Motiv der Rachsucht als die Ursache der Anthropophagie anzunehmen.

DARWIN führt an, daß schon zur Zeit, als er Neu-Seeland besuchte (1835), der Kannibalismus dort selten gewesen sei[1]; indessen fällt gerade in jene Zeit eine der kannibalischen Hauptthaten der Maoris. Damals überfielen Neu-Seeländer die nach Osten zu gelegene Warekaûri- oder Chatham-Insel, deren Eingeborene (sog. Moriori) sie zum großen Teil erschlugen und verzehrten. „Die Grausamkeit der Kannibalen war so raffiniert, daß die armen Geschöpfe das Holz herbeitragen und die Öfen herrichten mußten, in denen sie gebraten werden sollten. Die zum Schmause ausersehenen wurden dann in einer Reihe auf die Erde neben den Öfen gelegt und von einem der Maorihäuptlinge durch Schläge mit einem Mere (Steinkeule) getötet."[2] Die Moriori waren, wie alle Polynesier, früher selbst Anthropophagen gewesen.

Der heutigen dahinschwindenden Maorigeneration erscheint übrigens jene alte Zeit nur wie ein Traum. Nachkommen jener Kannibalen sitzen im Parlamente von Neu-Seeland und HOCHSTETTER erzählt eine bezeichnende Geschichte, welche darthut, wie bei den Maoris jetzt alles verschwunden ist, was auf den Kannibalismus hindeutet. „Ein alter Häuptling, der mit einem jungen Manne auf der Reise war, erinnerte sich, als sie an einem Kriegspfah vorbei kamen, vergangener Tage und erzählte seinem jungen Freunde: „Siehe, hier haben wir deinen Vater gefangen, dort haben wir ihn getötet und gegessen. Der junge Mann hörte der Geschichte zu, als ob sie ihn weiter gar nichts anginge; beide schliefen gemütlich in demselben Zelte, aßen aus demselben Topfe und waren gute Freunde."[3]

Mikronesien. Hier war die Anthropophagie zur Zeit der

chem ein Kannibalenfest veranstaltet wurde. Zum Begräbnis hatten sich viele Maoris versammelt; sie legten ihn in einen Sarg, an dessen Kopfende ein Fenster angebracht war. Beim Leichenschmaus wurde präserviertes Schaffleisch genossen." (Globus. XXII. 144.) Hier muß man wirklich ausrufen: Tempora mutantur!

[1] Naturwissenschaftliche Reisen. Deutsch von DIEFFENBACH. II. 205.
[2] Bericht von H. H. TRAVERS in PETERMANN's Mitteilungen. 1866. 63.
[3] v. HOCHSTETTER a. a. O. 471.

Entdeckung so gut wie verschwunden und nur wenig Thatsächliches liegt darüber vor. Von den Kingsmill-Inseln sagt WILKES: „Die Körper der Erschlagenen werden gewöhnlich nicht verzehrt; doch kommt es gelegentlich vor, daß, wenn ein berühmter Krieger erschlagen wurde, die jungen Männer aus Haß Teile seines Fleisches essen.[1] Daß die Anthropophagie aber einst über die verschiedenen Inselgruppen verbreitet war, dafür liegen noch einzelne Andeutungen vor. So berichtet CHAMISSO[2] von den Marshall-Insulanern, daß beim Abschlusse eines Friedens dieselben vom Fleische eines gefallenen feindlichen Häuptlings kosteten und sich den Namen des gefallenen Häuptlings beilegten, eine Sitte, die häufig mit kannibalischen Gewohnheiten verknüpft erscheint.

Daß auf den Pelew- oder Pelau-Inseln Anthropophagie niemals vorkam, sucht CHAMISSO[3] zu beweisen. Weder WILSON noch SEMPER berichten davon, obgleich sie das Kopfschnellen der Insulaner recht gut kennen und bei dem besten und gründlichsten Kenner der Pelau-Inseln, JOHANN KUBARY, finden wir auch nur eine leise hierauf bezügliche Andeutung, welche aber auch nur auf ehemals vorhandene Anthropophagie hinweist. Die Bewohner der Insel Corror hatten nämlich jene von Molegojok auf Buobeltaop als Menschenfresser geschildert, wiewohl KUBARY dort keine Spur von Anthropophagie fand.[4] Hierbei bleibt stets zu beachten, daß die Pelauer wesentlich Papuas sind, wiewohl mit malayischem Blute durchsetzt, und daß fast überall noch die Papuas heute als Anthropophagen auftreten, und der malayische Stamm auch Kannibalen stellt. Wir glauben daher im Gegensatz zu CHAMISSO annehmen zu dürfen, daß die Pelauer allerdings früher Anthropophagen waren.

---

[1] CH. WILKES, Voyage round the World (U. St. Explor. Exped.). New York 1851. 559.
[2] Bemerkungen auf einer Entdeckungsreise. Weimar 1821. 136.
[3] CHAMISSO a. a. O. 137.
[4] Journ. d. Mus. GODEFFROY. Heft IV. 20.

Amerika.

Westindien. Als die Spanier die Antillen entdeckten, stießen sie auf das Volk der Calinago oder Calina, das allgemeiner unter dem Namen der Cariben bekannt ist. Menschenraubend zogen sie von Insel zu Insel in Flotten, die ein Dutzend Segel und oft fünfhundert Streiter zählten. Die männlichen Gefangenen wurden gebraten und verzehrt. Die Anthropophagie der Cariben ist von LAS CASAS bestritten worden, auch KOLUMBUS wollte anfangs in diesem Punkte nicht den Erzählungen der Domingoindianer trauen, bis er selbst mit den Thatsachen vertraut wurde und Meldung davon macht, daß die Cariben sogar die mit gefangenen Weibern erzeugten Kinder verzehrt haben sollen.[1]

Was die Verbreitung der Cariben betrifft, die vom südamerikanischen Festlande kamen, so wissen wir, daß sie die ganzen kleinen Antillen einnahmen und auch die Westküsten von Portorico und Haiti besetzt hatten. Mit dem Verschwinden und Aussterben der Cariben auf den Antillen ist auch dort die Anthropophagie verschwunden, die indessen mit dem Namen dieses Volkes stets verknüpft bleiben wird, da aus ihm das Wort „Kannibale" entstand. Die von den Bahamainseln stammenden Gefangenen am Borde des Kolumbus widersetzten sich nämlich der Fahrt nach der Insel Haiti, indem sie KOLUMBUS die Einwohner als Menschenfresser schilderten. Sie ließen dabei den Namen Cariben laut werden, den der Admiral mißhörte, so daß durch ihn der Ausdruck Caniba oder Canibalen für die anthropophagen Stämme Amerikas verbreitet worden ist. Nach ANTONIO DE HERRERA bedeutet der Name Canibal soviel wie ein Tapferer. DU TERTRE[2], der uns mit Einzelheiten des westindischen Kannibalentums vertraut macht, sagt, daß Auffressen der gefallenen Feinde sei auf dem Schlachtfelde erfolgt; die Gefangenen aber habe man zu Hause verzehrt, wobei dem tapfersten Krieger das Herz zu teil wurde — ein deutliches Zeichen, daß auch hier Aberglaube im Spiele war. Übrigens sollen viele nach dem Genusse von Menschenfleisch erkrankt sein.[3]

[1] NAVARRETE, Coleccion de los viages. Madrid 1825. I. 204.
[2] Histoire générale des Antilles. II. 401.
[3] HERRERA (bei PURCHAS His Pilgrims III. 865) berichtet, daß ein Mönch auf Dominica verzehrt worden sei; alle, die von seinem Fleische aßen, wurden krank oder starben. PURCHAS macht dazu die Marginalbemerkung: Frier vnwholsome food.

Mexiko. BERNAL DIAZ und SAHAGUN sind diejenigen Schriftsteller, welche am ausführlichsten über die Anthropophagie und die
Menschenopfer der Mexikaner handeln und nach ihnen sind diese
beiden zu einer speziellen Studie von JOURDANET gemacht worden,
der wir in der nachstehenden Darstellung folgen wollen.[1]

Zur Zeit der spanischen Eroberung waren die Tempel außerordentlich zahlreich in Mexiko. Bei diesen Tempeln befand sich
oft eine Terrasse mit zwei Türmchen, welche für die Idole bestimmt
waren und vor den Türmchen lagen die Steine, auf denen man die
Menschenopfer darbrachte. Diese Steine waren der Länge nach
konvex gestaltet, so daß das darauf gelegte menschliche Schlachtopfer seine hervortretende Brust besser dem Schlachtmesser darbot. Noch existieren altmexikanische Darstellungen, welche uns
zeigen, wie die Ceremonie vor sich ging. Das Opfer wurde von
fünf kräftigen Gehilfen gehalten und der Oberpriester öffnete ihm
mit einem Obsidianmesser die Brust, indem er die Knorpelansätze
der Rippen beim Brustbein durchschnitt. Dann griff er in die
Brust des Unglücklichen, nahm das Herz und schnitt es heraus,
um es zu Füßen des Idols niederzulegen, vor dem Weihrauch brannte.
Noch mehrmals griff er in die Brust, um mit dem Blute des Geopferten die Priester und Gehilfen zu besprengen. Der Leichnam
diente dann teilweise zur Nahrung für die Priester, teils erhielt
denselben derjenige zur Speise, welcher das Opfer veranlaßt hatte.

Solche Menschenopfer waren ungewöhnlich häufig, da sie auch
bei jeder der überaus zahlreichen religiösen Festlichkeiten dargebracht wurden. Die zahlreichen Tempel der größeren Städte in
Betracht ziehend kommt JOURDANET zu einer Schätzung von 20000
Opfern dieser Art im Jahre, während andere Autoren eine noch
weit größere Anzahl herausrechnen. Fehlten einmal Opfer, dann
bedrohten die Priester das Volk mit den schrecklichsten Landplagen
und um diese hintanzuhalten begann man Kriege, nur um sich
Gefangene zu verschaffen, mit deren Blut die erzürnten Götter versöhnt werden sollten.

Oben ist die Ausübung des Opferns in seiner einfachsten Form
geschildert worden; allein es liegen auch Berichte vor, daß der
Akt mit ganz besonders barbarischen Bräuchen umgeben wurde.
So erzählt SAHAGUN[2]: „Man band ihnen Hände und Füße. So

---

[1] D. JOURDANET, Histoire véridique de la conquete de la Nouvelle-Espagne
par Bernal Diaz. Seconde édition. — — suivie d'une étude sur les sacrifices
humains et l'anthropophagie chez les Aztèques etc. Paris 1878.
[2] Tom. I. lib. II. cap. X.

gefesselt nahmen die Priester oder ihre Gehilfen sie auf ihre Schultern und führten unter diesem Gewicht verschiedene Tänze um ein großes Feuerbecken auf. Plötzlich warf man das Opfer in das lodernde Feuer, ließ es eine Weile schmoren, ergriff es dann noch lebend mit einem Haken und schleifte es über den Boden weg zum Opferstein, wo man ihm das Herz herausriß." Bei anderen Gelegenheiten baten die Gehilfen, daß die Opferung auf ihrem Rücken, statt auf dem Steine stattfände, damit sie recht von dem Opferblute überströmt wurden. Sahagun berichtet auch, daß man den Geopferten häufig die Haut abzog und daß sich damit irgend ein kräftiger Mann wie mit einer Kleidung bedeckte.

Im Gegensatz zu dieser Barbarei stand die aufmerksame Behandlung, welche häufig die zum Abschlachten Bestimmten vor ihrem Tode erlitten, und so gleich einer *demonstratio ad oculos* der Vergänglichkeit menschlicher Freuden und Lüste erscheint; denn so kann man die ein Jahr lang dauernde Behandlung des Gefangenen vor seiner Opferung auffassen. Man wählte zu diesem Zweck einen schönen, jungen Gefangenen von tadelloser Körperbeschaffenheit und von aufgewecktem Geiste aus. Man lehrte ihn, berichtet Sahagun, das Flötenspiel, man gewöhnte ihn an das Rauchen nach Art der Großen und Prinzen, die besten Speisen wurden ihm vorgesetzt, die schönsten Kleider angelegt und während der letzten Lebensmonate führte man ihm die schönsten Mädchen zu. War aber das Freudenjahr abgelaufen, dann fand unwiderruflich seine Opferung statt, nicht in der Hauptstadt Mexiko, sondern in einer Stadt zweiten Ranges. Er wurde in einem Schiffe über den See gefahren und in dem Maße, als er dem Bestimmungsorte sich näherte, entäußerte man ihn seiner Kleidung, bis er zuletzt nackt anlangte. Am Tage seiner Hinrichtung wurde sofort ein neuer Gefangener auserwählt, der anstatt des Geopferten nun ein Jahr lang in Herrlichkeit und Freuden lebte. Oft fanden beim Opfer auch Tänze statt, an denen man den Gefangenen zwang teilzunehmen.

Gewöhnlich waren es Kriegsgefangene, die man den Idolen opferte; mehrere Gefährten des Bernal Diaz sind so gemordet worden. Doch kamen auch freiwillige Opferungen vor, wie es denn sich ereignete, daß sogar hochgestellte Personen ihr Leben den Göttern darbrachten. Blutopfer der Priester selbst für die Götter waren nichts ungewöhnliches; sie schnitten sich z. B. die Ohren ab und brachten sie dem Idole dar, oder nahmen Blut von der Zunge, um das Götzenbild damit zu bestreichen.

Die Leichname der Geopferten wurden auf bestimmte Art verteilt und verzehrt. Sobald das Herz dem Gotte und das Blut den Tempelpriestern verteilt war, warf man den Kadaver auf die Stufen des Gebäudes. Hier wurde er von Priestern zerstückelt und unter die Anwesenden verteilt; war viel Menschenfleisch vorhanden, so wurden die nicht gleich zur Verwendung gelangenden Überreste eingesalzen oder getrocknet, wie BERNAL DIAZ wiederholt versichert. Bei den Mexikanern war es außerdem ein Zeichen des Sieges, wenn sie ihren toten Feind verzehrten. Zu den Spaniern sagten sie: „bald werden wir euch verschmausen". Aber außerdem war das Verzehren von Menschenfleisch bei ihnen auch Sache der Leckerei, denn bei großen Tafeln durfte es nicht fehlen. BERNAL DIAZ erwähnt auch die Käfige aus Holz, in welchem die zur Opferung bestimmten Sklaven eingeschlossen waren; man nährte sie gut, damit sie der Tafel ihres Herrn keine Schande machten. Dieser selbst, der die Sklaven gewissermaßen als seine Kinder betrachtete, aß jedoch nicht von ihrem Fleisch, das seine Freunde verzehrten. Hervorzuheben ist, daß die Mexikaner nur von dem Fleische rituell Geopferter aßen — kein anderes Menschenfleisch, abgesehen von demjenigen der im Kriege erschlagenen Feinde. Bei der Belagerung Mexikos durch CORTEZ herrschte die größte Hungersnot, die zum Verzehren der Baumwurzeln zwang, aber die zahlreichen Leichen in der Stadt blieben von den Belagerten unberührt. Damit stimmt denn allerdings nicht, wenn SANDOVAL auf seinem Zuge gegen die Otomi fand, daß deren Krieger „Mais und gebratene Kinder als Proviant mit sich führten".[1]

Die Anthropophagie verbreitete sich in Mexiko auch über die Nebenstämme des Landes aus, in einer Form, welche religiösen Beigeschmack hat. Nach MENDIETA töteten nämlich die in der Gegend des heutigen Veracruz wohnenden Totonaken alle drei Jahr einige Kinder, deren Herzblut mit Ullisaft (von Cassidea elastica) und gewissen Kräutern zu einem Teig gemischt wurde, der für heilig galt und Toyolliaytlaqual hieß. Diese Speise mußten alle sechs Monate die Männer, welche über 25, die Frauen, welche über 16 Jahre alt waren, genießen. Welchen Zweck damit die Potonaken verbanden, giebt MENDIETA nicht an.[2]

Man darf Yukatan nicht ausschließen, wenn von der Anthro-

[1] Drei Berichte von F. CORTEZ an KARL V. Deutsch. Berlin 1834. 337.
[2] FRAY GERONIMO DE MENDIETA. Ed. ICAZBALCETA. Mexico. Lib. II. cap. 16. 19 und II. STREBEL, Alt-Mexiko. 12.

pophagie im Kreise altamerikanischer Kulturvölker die Rede ist.
WALDECK vernahm zu Merida aus glaubwürdiger Quelle, daß zu
Ende des vorigen Jahrhunderts dort noch Kannibalismus vorgekommen sei; er berichtet Einzelheiten, läßt uns aber über die Beweggründe im Unklaren. Derselbe Reisende fragte weshalb die
Lancadones und Cholos eine große Affenart verzehrten und erhielt
von einem Indianer die Antwort: seit durch die Spanier das Menschenessen verhindert worden sei, hätten ihre Vorfahren „die kleinen
Waldmenschen" angegriffen und verzehrt.[1] Auch die Mittelameri-
kaner haben dereinst sich anthropophagen Genüssen ergeben.

Centralamerika. Im September des Jahres 1528 hielt, wie
OVIEDO uns berichtet, der Fray FRANCISCO DE BOBADILLA, ein
großes Examen mit den Indianern Nicaraguas ab, um die Natur
ihrer Religion zu ergründen. Es waren Leute vom Stamme der
Niquirans, wahrscheinlich mexikanischen Ursprungs, die ihm die
vorgelegten Fragen beantworteten. Quiateot war der Regengott
und auf des Priesters Frage, wie er veranlaßt würde, daß es regne,
antworteten die Indianer: „Wir gehen in seinen Tempel und opfern
ihm einige junge Kinder. Nachdem wir diesen die Köpfe abgeschnitten haben, besprengen wir mit deren Blut die Bildnisse und
Steinidole in dem Hause der Götter, das in unsrer Sprache Teobat
heißt." Frage des Priesters: „Was beginnt ihr mit den Körpern
der Geopferten?" — Antwort der Indianer: „Diejenigen der Kinder
begraben wir; die der Männer werden von den Kaziken und Häuptlingen verzehrt, doch nicht von dem übrigen Volke." Hiernach
wurden also auch Männer geopfert, die in der ersten Antwort nicht
erwähnt sind. Die Weiber waren von allen Dingen, welche die
Tempel anging, ausgeschlossen und doch wurden auch ihre Körper
in den Tempeln geopfert, indessen die Abschlachtung erfolgte im
Vorhofe. Das Fleisch der Weiber wurde aber niemals angerührt,
da sie in religiösen Dingen für unrein galten. Schlachtopfer waren
aber nur Sklaven und Kriegsgefangene.[2]

Peru. Wenn wir ANTONIO DE HERRERA Glauben schenken
dürfen, so wurde der Kannibalismus auch von den Eingebornen am
Cauca, im heutigen Columbia, in einer schauderhaften Weise ausgeübt; der Bericht ist jedenfalls übertrieben, wie HERRERA denn
gern in seinem Werke über Westindien Märchen einfließen läßt.

---

[1] WALDECK, Voyage pittoresque et archéologique dans le Yucatan. 1838.
Nach KOTTENKAMP, Geschichte der Kolonisation Amerikas. I. 24.
[2] Nach SQUIER in Transact. Americ. Ethnolog. Soc. III. 138. 139. (New
York 1853.)

Er sagt nämlich[1]: „Das Volk des Landes ist so fleischermäßig, daß
die Lebendigen das Grab der Toten sind; denn es ist geschen
worden, daß der Mann sein Weib ißt, der Bruder den Bruder oder
die Schwester, der Sohn den Vater, und wenn sie einen Gefangenen
gemästet haben, so holen sie ihn an dem Tage, an dem er gefressen
werden soll, mit mancherlei Gesängen herbei, und der Herrscher
befiehlt, daß ein Indianer ihm jedes Glied abschneiden muß, und
so fressen sie ihn bei lebendigem Leibe. Nach der Aussage der
Einwohner von Arma haben sie mehr als achttausend Indianer
verzehrt, und einige Spanier haben diese Qual auch ausgestanden.‟
    Wir erwähnen diese Erzählung des HERRERA nur, weil sie uns
geeignet erscheint, den Übergang zu der Anthropophagie der Inka-
peruaner zu machen. Denn sowie bei dem hochstehenden Volke auf
der Hochebene von Anahuac Menschenopfer und Kannibalismus
herrschten, so kamen sie auch in Peru vor. GARCILASSO DE LA
VEGA entwirft ein abschreckendes Bild von der Wildheit der ältesten
Urbewohner Perus vor dem Auftreten der Inkas, indem er die Opfer-
feste beschreibt, bei denen Menschen zu Tode gemartert und gefressen wurden. Selbst unter den Inkas hatten die Peruaner diese
blutige Sitte noch, obgleich dieses traurige Erbteil einer barbarischen Vorzeit unter einer humaneren Regierung schon vor der
Ankunft der Europäer mehr und mehr in Vergessenheit geraten war.[2]
    Gebiet des Amazonas. Auf den Antillen (abgesehen von
rückfälligen Negern), in Mexiko, im Gebiete der Cordilleren ist unzweifelhaft heute die Anthropophagie erloschen. Dagegen ist sie,
was man mit Unrecht bezweifelt hat, noch weit in den Tiefebenen
Südamerikas, zumal bei den umherstreifenden Horden im Gebiete
des Amazonas und seiner Nebenflüsse vertreten. Zu den Zweiflern
gehört in erster Linie der verdiente EDUARD PÖPPIG, welcher von
den am Ostabhange der Andes lebenden Indianervölkern bemerkt:
„Der ungewöhnliche Grad von Bildungsfähigkeit der meisten den
Anden näher lebenden Stämme wird wohl am besten durch die
Thatsache bewiesen, daß vor kaum 150 Jahren noch unter ihnen
Gewohnheiten herrschten, die sie der Anthropophagie dringend ver-
dächtig machten. Wenn man mit allem Ernste annimmt, daß der-
gleichen Völker die niedrigsten und wildesten sind, so ist es um
so mehr Beweis ihrer guten Anlagen, wenn die Zucht der Euro-

---

[1] HERRERA bei PURCHAS His Pilgrims, The Third Part. London 1625. 890.
[2] GARCILASSO DE LA VEGA, Histoire des Yncas rois du Perou. Traduit de
l'Espagnol. Cap. IX. 21. PRESCOTT, Eroberung von Peru. I. 81.

päer sie in ungewöhnlich kurzer Zeit von ihren Lastern zu ent-
wöhnen und bis zu einem unverhältnismäßig hohen Grade zu civi-
lisieren vermag".[1] Andere, wie AZARA, haben die Anthropophagie
der Südamerikaner ganz ableugnen, und alles darüber gesagte den
sensationsbedürftigen Übertreibungen der Eroberer und Missionare
zuschreiben wollen.[2] Die Thatsachen indessen beweisen, daß noch
heute im östlichen Peru Menschenfresser wohnen, und daß mit
Nichten anthropophage Völker zu den „wildesten und niedrigsten"
gehören. Im Gegenteil, wenn auch nicht immer, nehmen gerade
diese sehr häufig eine höhere Stufe als ihre Nachbarn ein, die der
Menschenfresserei nicht ergeben sind. Unter den neueren ist es
WOLDEMAR SCHULTZ, welcher, mit philanthropischem Blicke auf die
südamerikanischen Indianer schauend, deren Anthropophagie in der
Gegenwart in Abrede zu stellen versucht.[3]
Diesem gegenüber haben wir festzustellen, daß bei den auf
tiefer Gesittungsstufe stehenden Jagd- und Fischernomaden des südamerikanischen Kontinentes, zumal bei den schwachen Horden, die
verborgen in den Urwäldern am Amazonas und seinen Nebenströmen
hausen, die Anthropophagie noch jetzt eine sehr verbreitete ist. Bei
der atomistischen Zersplitterung dieser Völkerschaften kann nicht die
Rede davon sein, alle einzeln in ihrer Beziehung zur Anthropophagie
hier aufzuführen, doch genügt wohl eine Anzahl aus der Menge
hervorgegriffener Beispiele. KARL FRIEDRICH PHILIPP VON MARTIUS
hat uns bewiesen, daß die physiologische Entschuldigung für die
Anthropophagie bei den südamerikanischen Indianern ·in Wegfall
kommt. „Nur selten, sagt er, verfällt der Mensch in diesen frucht-
baren und fischreichen Gegenden einem Hunger, der ihn zwänge,
auf seines gleichen wie auf ein zahmes Wild Jagd zu machen. Die
weibliche Bevölkerung ist mit so instinktivem Fleiße dem Anbau
von Nährpflanzen und der Mehlbereitung ergeben, daß es nicht
leicht zu jener Extremität des Hungers kommt. Aber außer allen
übrigen Veranlassungen zu Streit und Krieg zwischen den Söhnen
des Waldes, reizt ihn die Aussicht seine Gefangenen vorteilhaft zu
verkaufen, zu fortwährenden Kämpfen und ein bei dieser Veran-
lassung getöteter Widersacher wird als Edelwild, das sich zur Wehre

[1] E. Pöppig, Reise in Chile, Peru und auf dem Amazonenstrome. Leipzig
1835. II. 449.
[2] AZARA, Voyages dans l'Amérique meridionale. II. 2.
[3] WOLDEMAR SCHULTZ, Natur- und Kulturstudien über Südamerika und
seine Bewohner im 4. und 5. Jahresbericht des Vereins für Erkunde zu Dresden.
1868. 72.

gesetzt hat, wie im Triumph verspeist. Es ist also weder dringender Hunger noch Nationalhaß, sondern Berechnung einer seltenen, leckeren, den rohen Stolz befriedigenden Mahlzeit, in gewissen Fällen vielleicht auch Blutrache und Aberglauben, was diesen Wilden zum Kannibalen macht. In der Kette ungünstiger Verhältnisse, welche ihn in seiner Entmenschung erhalten, ist die Anthropophagie eines der mächtigsten Glieder. Von allen tierischen Zügen in der sittlichen Physiognomie des Menschen ist sie der tierischste und obgleich sie ehemals vielleicht bei allen Völkerschaften Brasiliens im Schwange ging, ist sie doch gegenwärtig bei den meisten verabscheut. Die europäische Kultur kann sich rühmen erfolgreich gegen diese entmenschte Sitte angekämpft zu haben".[1]

Die Kaschibos am Ucayale, denen wir uns zuerst zuwenden, haben wahrlich keinen Mangel an Wild, und der Fluß liefert ihnen Fische und Schildkröten in Menge, dessenungeachtet sind sie Kannibalen. Allerdings sind die Nachrichten darüber nicht immer bestimmt. *The Cashibos are said to be cannibals* meint HERNDON[2], während Professor RAIMONDI angiebt, daß sie nur ihre Alten aus religiösen Gründen verzehren.[3] J. J. v. TSCHUDI dagegen behauptet, daß sie Kriege führten, um sich Gefangene zum Verzehren zu verschaffen. Auch Leute des eigenen Stammes verzehren sie, dagegen niemals Weiber, wie 1842 die Missionare von Ocopa aussagten, nicht etwa aus Rücksicht und Schonung, sondern weil sie die Weiber für etwas untergeordnetes und ihr Fleisch für giftig halten.[4]

Am Cosiabatay, einem Nebenflüßchen des Ucayale, fand MARCOY einen gekreuzigten Kaschibo-Indianer, die Schetibos hatten ihn hier lebendig ans Kreuz geschlagen. *C'était une vieille coutume des Schetibos de tuer tout Cachibo qu'ils rencontraient, et cela pour punir la nation dans l'individu, de son goût décidé pour la chair humaine.* MARCOY bildet die ekelhafte Scene, wie die Aasgeier den Gekreuzigten zerfleischen, auch ab.[5]

Diese Kaschibos (Carapuchos, Callisecas, Fledermausindianer) reichen vom Pachitea bis zum Aguaita (linkes Ucayaleufer) und sind, wie Dr. ABENDROTH, der sich unter ihnen aufhielt, versichert, gegen-

[1] v. MARTIUS, Beiträge zur Ethnographie und Sprachenkunde Amerikas. Leipzig 1867. I. 538.

[2] HERNDON, Exploration of the Amazon. Washington 1854. 209.

[3] Anthropological Review. I. 38 (1863).

[4] J. J. v. TSCHUDI, Peru. II. 222.

[5] PAUL MARCOY, Voyage de l'océan pacifique à l'océan atlantique à travers l'Amérique du Sud, im Tour du Monde. XI. 220.

wärtig die einzigen Anthropophagen in Peru.[1] Noch 1865 wurden
die peruanischen Offiziere Juan Tavara und Alberto West am
Ucayale von den Kaschibos ermordet und gefressen, und als 1866
die ersten Dampfer vom Amazonas aus in den Ucayale einfahrend
bis zu diesen wilden Indianern kamen, wurden sie von ihnen ange-
fallen. In einem Gefechte kamen 25 Kaschibos um, die auch nach
dem Berichte dieser Dampferexpedition „unzweifelhaft Kannibalen"
sind. Über die Motive des Kannibalismus bei den Kaschibos bleiben
wir im Unklaren.

Kannibalischen Gewohnheiten ergeben sind, wie MARTIUS bezeugt, die Miranhas und nach MARCOYS Berichten die ihnen benachbarten Mesayas. Beide Völker, noch verhältnismäßig zahlreich,
haben der Civilisation und den Seuchen Stand gehalten, beide leben
in arger Feindschaft miteinander und verzehren gegenseitig ihre
Gefangenen aus Rachsucht. Sie leben am Japure und an dessen
Mündung in den Amazonenstrom sowie an letzterem selbst.

Die Mesayas gehören zu dem weit verbreiteten Stamme der
Umaüas und sollen nach MARCOY noch tausend bis zwölfhundert
Köpfe zählen. Ihre Ältesten erzählen den Ursprung der Anthropophagie bei ihnen folgendermaßen: Vor langer Zeit, als die Tiere
noch sprechen konnten, trieb sich eine Horde Miranhas am Japure
umher und fand dort einen auf dem Sande schlafenden Umaüa.
Diesen schlugen die Miranhas, welche sehr hungrig waren, tot und
fraßen ihn auf. Die Umaüas erhielten Kunde von diesem Vorgange durch einen Vogel, den Surucua; sie begannen von nun an
einen Rachekrieg gegen die Miranhas, und wer von diesen in ihre
Gewalt geriet, wurde aus Rache und Wiedervergeltung aufgefressen.
Dabei ging oder geht man mit ausgesuchtem Raffinement zu Werke.
Der Gefangene wurde im Dorfe der Mesayas streng überwacht, aber
nicht etwa eingesperrt. Man gab ihm eine Frau, die ihn recht gut
und vollauf füttern mußte, damit er wohlbeleibt werde. Nach etwa
einem Vierteljahre führte man ihn Abends bei Vollmond in den
Wald; dort mußte er selber das Holz sammeln, mit welchem er
gebraten werden sollte. Wenn er mit seiner Last im Dorfe ange-
kommen war und dieselbe niedergelegt hatte, bezeichneten die
Krieger, die ihn bisher bewachten, mit rotem Oker jene Körperteile, die sie am andern Tage verspeisen wollten, und nachher
wurde bei Mondschein ein Tanz aufgeführt, an welchem der Gefangene teilnahm. Inzwischen brachten die Frauen das zum

---

[1] Dr. ABENDROTH im Globus. XIX. 379.

Schmause notwendige Geschirr herbei, und nach Mitternacht mußte
der Miranha in seine Hütte gehen. Am nächsten Morgen wurde
der Gefangene gerufen; sobald er aus der Hütte trat, erhielt er
sofort mehrere Keulenschläge auf die Schläfe und sank leblos nie-
der. Dann schnitt man ihm den Kopf ab, der auf eine Lanze gesteckt und im Dorfe umhergetragen wurde; den Körper schleppte
man zu den Kochkesseln, wo er zerlegt wurde; auch die Knochen
wurden entzwei geschlagen, damit man das Mark genießen könne.
Von dem Schlachtopfer durfte nichts übrig bleiben als der mit
Farbe bemalte Kopf, der in der Hütte des tapfersten Kriegers als
Trophäe aufbewahrt wurde. Aber was geschah unmittelbar nach
dem Schmause? Alle Mesayas waren bemüht, das genossene Menschenfleisch so rasch wie möglich wieder von sich zu geben; sie
ekelten sich selber vor der abscheulichen Speise, und damit ist der
Beweis geliefert, daß sie dieselbe nicht aus Gier nach Menschenfleisch verzehrt hatten, sondern lediglich der Rache und der Wiedervergeltung wegen. Der letzte Kannibalenschmaus soll nach MARCOY
im Jahre 1846 stattgefunden haben.[1]

Was die Miranhas betrifft, so herrscht seit langer Zeit in
ihrem Lande Hungersnot. Zu Ackerbauern haben sie sich nie
emporgeschwungen, sie sind Jäger und Fischer. Seit langem nun
giebt es in ihrem Gebiete am rechten Japureufer, wie MARCOY erzählt, weder Tapire noch Peccaris mehr, weder Affen noch große
Nagetiere, selbst der Jaguar kommt nicht mehr vor, und da wird
es begreiflich, wenn den Miranhas nachgesagt wird, sie fräßen ihre
Kranken und Alten. Der Grund aber, weshalb sie ihr armseliges
Gebiet nicht verlassen, ist die Feindschaft der angrenzenden Stämme,
die jeden Miranha niedermachen, der sich bei ihnen blicken läßt.[2]
Nachbarn der Miranhas waren die jetzt untergegangenen Yamas.
Diese zerbrachen die Knochen ihrer Todten, um das Mark auszu-
saugen, und sie thaten dieses, weil sie meinten, im Marke stecke
die Seele des Verstorbenen, und diese gehe in den Menschen über,
welcher das Mark verzehrt.[3]

Am Madeira sind die wilden, in den Wäldern hausenden, von
allem europäischen Einflusse noch völlig unberührten Parentintins
bei Crato unzweifelhaft Kannibalen, die einen brasilianischen Serin-
gueiro (Kautschuksammler) bei Crato überfielen und auf einer Sand-
bank brieten und verzehrten, wobei sie von den Verfolgern über-

[1] PAUL MARCOY im Tour du Monde. XV. 135.
[2] PAUL MARCOY a. a. O. 138.   [3] MARCOY a. a. O. 139.

rascht wurden. Desgleichen gelten die Araras für Anthropophagen und beide Stämme sind Ursache, daß die Seringueiros nicht in die ausgedehnten, reichen Kautschukwälder der Nebenflüsse des Madeira vorzudringen wagen.[1]

Am Uaupés sind die Cobeus echte Kannibalen; sie verzehren die Leichen der im Kriege erschlagenen Feinde, ja sie führen Kriege zu dem ausgesprochenen Zwecke sich Menschenfleisch zu verschaffen. Haben sie mehr davon, als sie auf einmal verzehren können, so räuchern sie den Rest über Feuer und bewahren ihn lange auf.[2]

Die Indianer am Putumajo — auf columbischem Gebiete im Territorium von Caqueta — haben im Jahre 1883, wie aus einem amtlichen Berichte hervorgeht, einen jungen Columbianer Namens Portés erschlagen und verzehrt. „Die Indianer sind in der That Kannibalen, essen aber nur ihre Kriegsgefangenen, um Rache an denselben zu üben. Besondere Vorliebe für Menschenfleisch ist nicht vorhanden.[3]

Am Jauari sind die Majorunas noch jetzt Kannibalen, wofür BATES die Beweise beibringt.[4]

Alle Tupivölker waren bei der Entdeckung Südamerikas Kannibalen und so kann es nicht Wunder nehmen, wenn nun auch heute noch die zu ihnen zählenden Stämme kannibalischen Sitten ergeben sind, so die im Gebiete des Tapajoz wohnenden Apiacas, die zu den Centraltupis gerechnet werden. Ihr Name stammt von dem Tupiworte Apiaba, Mensch und ihre Sprache ist der herrschenden lingua geral so nahe verwandt, daß über ihre ethnische Stellung keine Zweifel aufkommen. Wie DE CASTELNAU berichtet[5], töten sie im Kriege alle ihre Feinde, gleichviel welchem Geschlechte dieselben angehören, um deren Leichname dann zu braten und zu verzehren. Die Kinder der Feinde führen sie aber mit in ihre Aldeas, um sie gleich ihren eigenen Kindern zu behandeln und mit diesen zu erziehen. Wenn aber diese gefangenen Kinder das Alter von 12 bis 14 Jahren erreicht haben, so dienen sie zu einer Kannibalenmahlzeit, welche von dem ganzen Dorfe unter großen Feier-

---

[1] KELLER-LEUZINGER, Vom Amazonas und Madeira. Stuttgart 1874. 32. 99.
[2] A. R. WALLACE, Amazon and Rio Negro. London 1853. 498. — v. MARTIUS, Beiträge zur Ethnographie Amerikas. I. 600.
[3] Nach Panama Star and Herald vom 12. April 1883 im Ausland 1883. 437.
[4] The Naturalist on the Amazonas. London 1864. 454.
[5] Expédition dans les parties centrales de l'Amérique du Sud. Paris 1850. III. 314.

lichkeiten begangen wird. Mit Arafedern schön geschmückt zieht die Bevölkerung auf, die Kriegstrompeten erklingen und die unglücklichen Kinder werden in einem Kreis vor die tanzende Menge geführt. Hinter den armen Geschöpfen stehen die Pflegeeltern, welche sie aufgezogen und diese sind es auch, welche sie erschlagen. Während der nächtliche Tanz fortdauert, werden die Leichen zerstückelt und verzehrt. Auch junge Weiber hält man zuweilen jahrelang gefangen, ehe sie geschlachtet und gefressen werden.

Anthropophagie der Tupi zur Zeit der Entdeckung. Sowohl in dem Berichte MARCOYS über die Behandlung der zum Verzehren bestimmten Gefangenen, als in dem, was DE CASTELNAU über die Apiacus sagt, erkennt man wesentliche Züge aus den eigentümlichen Gebräuchen wieder, die von den ersten Entdeckern uns geschildert werden, als sie die kannibalischen Gewohnheiten der Tupivölker kennen lernten.

AMERIGO VESPUCCI, der 1501 die brasilianische Küste besuchte, bringt in einem Briefe an LORENZO MEDICI ausführliche Mitteilungen über die Anthropophagie der Tupivölker, mit welchen er zusammentraf.[1] Nachdem er über die Kämpfe der Eingeborenen untereinander gesprochen, führt er fort: „Wenn sie Sieger sind, schneiden sie die Besiegten in Stücken, verzehren dieselben und versichern, daß es ein sehr vortreffliches Gericht sei. Sie ernähren sich auch vom Menschenfleisch; der Vater verzehrt den Sohn und der Sohn den Vater, je nach Umständen und den Zufällen des Kampfes. Ich habe einen abscheulichen Menschen gesehen, der sich rühmte, mehr als 300 Leute verzehrt zu haben. Ich habe auch einen Ort gesehen, den ich etwa 27 Tage bewohnte und wo Stücke gesalzenen Menschenfleischs an den Balken der Häuser hingen, wie wir bei uns getrocknetes oder geräuchertes Schweinefleisch, Würste oder andere Eßwaren aufhängen. Sie waren höchst erstaunt, daß wir nicht gleich ihnen das Fleisch unserer Feinde verzehrten; sie sagten, daß nichts vortrefflicher schmecke als dieses Fleisch und daß man nichts saftigeres und delikateres haben könne."

PIGAFETTA, welcher mit MAGALHAES auf der ersten Weltumsegelung die brasilianische Küste berührte und zwei Monate im

---

[1] Relation du voyage d'Améric Vespuce aux cotes du Bresil fait en 1501 et 1502, adressée a Lorenzo di Pierfrancesco de Medici. CHARTON, Voyageurs anciens et modernes. III. 198. Paris 1863. Der Brief ward bereits 1503 in Paris gedruckt.

Hafen Sta. Lucia blieb, erzählt uns ein Geschichtchen [1] — das den Ursprung der Anthropophagie bei den Tupivölkern erklären soll. „Die Einwohner haben den Gebrauch Menschenfleisch zu essen, üben aber diese Grausamkeit nur gegen ihre Feinde aus, und sagen, diese Gewohnheit habe ihren Anfang durch eine Frau genommen, deren einziger Sohn ermordet war. Als man nachher verschiedene von den Thätern gefangen zu der Alten geführt, wäre sie als ein wüthender Hund auf einen von ihnen gestürzt und hätte ihm einen Teil der Schulter abgefressen. Dieser wäre nachher zu den Seinigen entflohen und hätte ihnen seine Schulter gewiesen, worauf sie alle angefangen, das Fleisch ihrer Feinde zu verzehren. Doch essen sie solches nicht auf einmal, sondern schneiden es in Stücken und hängen es in den Rauch, und einen Tag essen sie ein Stück gekocht, und den andern gebraten, zum Andenken ihrer Feinde."

Daß der Kannibalismus sich nach Süden zu bis an den la Plata erstreckte, dafür haben wir abermals PIGAFETTAS Zeugnis.[2] Unter 34 $\frac{1}{2}$ Grad fanden die Weltumsegler einen großen Fluß von süßem Wasser — den la Plata — und „gewisse Leute, die man Kannibalen nennt und die Menschenfleisch essen. Unter anderen sahen wir einen derselben von unserem Schiff, der so groß wie ein Riese war und eine Stimme hatte wie ein Stier". Der Name Kannibalen für Anthropophagen war also damals — 28 Jahre nach Entdeckung der Neuen Welt — schon gang und gäbe.

Nehmen wir eine der alten Reisebeschreibungen, eines der zahlreichen Flugblätter zur Hand, die im Beginn des 16. Jahrhunderts, kurz nach der Entdeckung Brasiliens, erschienen und von dieser handeln, so finden wir unfehlbar Berichte über die dort herrschende Menschenfresserei.

So zeigt ein um jene Zeit zu Nürnberg oder Augsburg gedrucktes Blatt das Bild eines brasilianischen Indianers nebst Erläuterung, in der es heißt: „Sy streiten auch miteinander. Sy essen auch einander selbst die erschlagen werden und hencken dasselbig Fleisch in den rauch."[3] Keiner aber hat die Anthropophagie der Tupivölker besser und eingehender geschildert als unser Landsmann HANS STADEN aus Homburg in Hessen, der als Abenteurer im Jahre

---

[1] ANTON PIGAFETTA: Erste Reise um die Welt durch FERDINAND MAGELHAN. Aus dem Italienischen. In C. M. SPRENGELS Beiträgen zur Völker- und Länderkunde. Leipzig 1784. IV. 13.

[2] A. a. O. 16.

[3] Vierter und Fünfter Jahresbericht des Vereins für Erdkunde zu Dresden. 1868. 14.

1547 beschloß, „Indien zu besehen" und zehn Monate lang Gefangener der Tupinamba im heutigen Brasilien war, die er gründlich kennen lernte.[1]

Im 25. Kapitel des zweiten Teiles erläutert HANS STADEN „warumb ein Feind den andern esse" und er giebt darauf die Antwort: „Sie thuen das nicht aus Hunger, sondern nur aus großem Haß und Neid. Treffen sie im Kriege aufeinander, so rufen sie einander zu, daß sie ihrer Freunde Tod aneinander rächen, die Feinde erschlagen und verzehren wollen." STADEN, der selbst nur durch ein Wunder dem Tode unter den Tupinamba entrann, hat wiederholt den Kannibalenmahlzeiten beigewohnt, er spricht als unverdächtiger Augenzeuge und schildert im 38. Kapitel des zweiten Teils „mit was Ceremonien sie ihre Feinde tödten und essen".

Dort heißt es:

„Wenn sie ihre feinde erstmals heimbringen, so schlagen sie die weiber und die jungen. Darnach vermalen sie ihnen mit grawen federn, scheren im die augenbrawen über den augen ab, danzen umb in her, binden inen wol, das er inen nicht entläufft, geben im ein weib, das in verwaret, und auch mit im zu thun hat. Und wann die schwanger wirdt, das kind ziehen sie auf biß es groß wird. Darnach wann es inen in den Sinn kompt, schlagen sie es todt und essen's. Geben im wol essen, halten inen eine zeitlang, rüsten zu, machen der gefeß vil, da sie die geträncke in thun, backen sonderliche gefeß, darin thun sie die reidtschaft, darmit sie in vermalen, machen fedderqueste, welche sie an das holtz binden, darmit sie in todtschlagen, machen eine lange schnur, Massurana genant, da binden sie inen ein, wann er sterben sol. Wenn sie alle reidschaft bey einander haben, so bestimmen sie ein zeit, wann er sterben sol, laden die wilden von andern dörfern, daß sie auff die zeit dahin kommen. Dann machen sie alle gefeße voll geträncke, und einen tag oder zwen zu vorn. Ehe dann die weiber die getrencke machen, führen sie den gefangen ein mal oder zwey auff den platz tantzen umb inen her.

„Wenn sie nun alle bey einander sein, die von außen kom

[1] Warhafftig historia und beschreibung einer landschafft der wilden, nackêten, grimmigen menschenfresser leuthen, in der newen welt America gelegen, vor und nach Christi geburt im Land zu Hessen unbekannt, biaz nuff dise II nechst vergangene jar, da die HANS STADEN von Homberg ausz Hessen durch sein eygne erfarung erkant, und ietzund durch den truck an tag gibt. Franckfurt am Main durch Weygandt Han. 1556. Herausgegeben von Dr. K. KLÜPFEL in der Bibliothek des litterarischen Vereins in Stuttgart. Band 47. Stuttgart 1859.

men, so heyßet sie der oberste der hütten wilkommen, spricht: so
kompt helfet unsern feindt essen. Des tages zuvor, ehe sie anheben
zu trincken, binden sie dem gefangenen die schnur Massurana umb
den Hals. Desselbigen tages vermalen sie das holtz, Iwera Pemme
genant, darmit sie ihn todt schlagen wöllen. Ist lenger denn ein
klaffter, streichen ding daran, das klebet. Dann nemen sie eyer-
schalen, die sin graw, und sein von einem vogel Mackukawa genant, die stoßen sie klein, wie staub, und streichen das an das
holtz. Dann sitzet ein fraw und kritzelt in dem angeklebten eyer-
schalen staub. Dieweil sie malet, stehet es vol weiber umb sie her,
die singen. Wenn das Iwera Pemme dann ist, wie es sein sol,
mit fedderquesten und anderer reidschaft, hencken sie es dann
in eine ledige hütte über die erden an einen reidel, und singen
dann darum her die ganze nacht.

„Desselbigen gleichen vermalen sie den gefangenen sein an-
gesicht. Auch dieweil das weib an im malet, dieweil singen die
andern. Und wann sie anheben zutrincken, so nemen sie den gefangenen bey sich, der trinket mit inen und sie schwatzen mit im.

„Wann das trinken nun ein ende hat, des andern tages darnach
ruhen sie, machen dem gefangnen ein hütlin auff den platz, da er
sterben sol, da liegt er die nacht inne, wol verwart. Dann gegen
morgen ein gute weil vor tage, gehen sie tanzen und singen umb
das holtz her damit sie in todtschlagen wöllen, bis das der tag
anbricht, dann zihen sie den gefangenen aus dem hütlin, brechen
das hütlin ab, machen raum, dann binden sie im die Mussurana
von dem hals ab und binden sie in umb den leib her, zihen sie
zu beiden seiten steiff. Er stehet mitten darin gebunden, irer viel
halten die schnur auff beiden enden. Lassen in so ein weil stehen,
legen steinlein bey ihn, damit er nach den weibern werfe, so umb
ihn herlaufen und dräwen im zu essen. Dieselbigen sein nun ge-
malet und darzu geordiniret, wenn er zerschnitten würd, mit den
ersten vier stücken um die hütten her zulaufen. Daran haben die
andern kurtzweil.

„Wann das nun geschehen ist, machen sie ein fewer ungefehr-
lich zweier schritt weit von dem Schlaven. Das fewer muß er
lehen. Darnach kompt ein fraw mit dem holtz Iwera Pemme ge-
lauffen, keret die fedderquesten in die höhe, kreischt von freuden,
läuft vor dem gefangenen uber, das er es sehen soll.

„Wann das geschehen ist, so nimpt eine mannsperson das
holtz, gehet mit vor den gefangenen stehen, hält es vor in, daß er
es ansiehet, dieweil gehet der, welcher in todtschlagen wil, hin,

selb XIIII oder XV und machen iren leib graw mit äschen, dann
kompt er mit seinen zuchtgesellen auf den platz bey den gefangenen, so uberliffert der ander so vor dem gefangnen steht, diesem
das holtz, so kompt dann der könig der hütten und nimpt das
holtz und steckts dem, der den gefangen soll todtschlagen, einmal
zwischen den beynen her, welches nun eine ehr unter inen ist.
Dann nimpt er wiederumb das holtz, der den todtschlagen sol, und
sagt dann: Ja hie bin ich, ich wil dich tödten, denn die deinen
haben meiner freunde auch viel getödtet und gessen, antwortet
er: Wenn ich todt bin, so habe ich noch viel freunde, die werden
mich wol rechen, darmit schlecht er inen hinten auf den kopff, das
im das Hirn darauß springt, alsbaldt nemen in die weiber, ziehen
in auf das fewer, kratzen ihm die haut alle ab, machen in ganz
weiß, stopfen in den hintersten mit einem holtze zu, auf daß im
nichts entgeht. Wann im dann die haut abgefegt ist, nimpt in
eine mannsperson, schneidet im die Beine über den knien ab, und
die arme an dem leibe, dann kommen die vier weiber, und nemen
die stücke, und laufen mit um die hütten her, machen ein groß
geschrey von freuden, darnach schneiden sie im den rücken mit
den hintersten von den vorderleib ab, dasselbige theilen sie dann
unter sich, aber das eingeweyd behalten die weiber, sieden, und in
die brühe machen sie einen brey, mingau genannt, den trinken sie
und die kinder. Das eingeweyd essen sie, essen auch das fleisch
um das haupt her, das hirn in dem haupt, die zungen, und was
sie 'sonst daran genießen können, essen die jungen. Wann das
alles geschehen ist, so gehet dann ein ieder wiederumb heim, und
nemen ir theil mit sich. Derjenige, so disen getödtet hat, gibt sich
noch einen namen."

Botokuden. Die Botokuden, wie sie von den Portugiesen
nach dem Stöpsel *(botoque)* in ihrer Unterlippe bezeichnet werden,
sind unzweifelhaft Anthropophagen bis zum heutigen Tage. Dieses
Volk haust in der Provinz Minas Geraes in dem weiten Raum
zwischen dem Rio Doce und Rio Jequitinhonha, vom 17. bis 20.°
s. B. Um über ihren Kannibalismus aufgeklärt zu werden, können
wir uns an die Berichte deutscher Reisender halten: Eschwege,
Neuwied, Tschudi, welche uns die besten Nachrichten über sie ver-
mittelt haben. Eschwege dräng 1811 in die Wälder dieser Anthropophagen vor. Damals lebten die Botokuden mit ihren Nachbarn,
Portugiesen wie Negern, in fortwährenden Kriegen, fielen über dieselben her, mordeten und fraßen sie. „Ein Augenzeuge der Greuel-
thaten erzählte mir, daß ihre Anzahl nicht sehr beträchtlich war,

so daß sich alle an einem einzigen Neger, den sie brateten, satt
aßen; von anderen schnitten sie Arme und Beine ab und nahmen
sie als Lebensvorrat mit sich. Die getöteten Weißen hatten sie alle
liegen lassen, aber alle Teile des Körpers querüber eingeschnitten,
so ungefähr, wie man Fische zuzubereiten pflegt, wenn man sie
einsalzen will. Den Getöteten saugen sie zuerst das Blut aus und
dieses scheint ihnen das leckerste zu sein. Überhaupt hat man
aber bemerkt, daß, sobald sie Negerfleisch haben, sie das Fleisch
der Weißen nicht achten. Bei großem Überflusse schneiden sie den
Negern auch nur die Waden und das Inwendige der Hände aus,
welches wahre Leckerbissen sein sollen."[1]

Prinz MAXIMILIAN zu WIED, der 1815—1817 das Land am Rio
Doce und Mucury durchstreifte, brachte unzweifelhafte Beweise der
Anthropophagie der Botokuden mit. „Sie schälen das Fleisch vom
Körper ihrer Feinde ab, kochen es in ihren Töpfen oder braten es;
den Kopf stecken sie auf einen Pfahl." NEUWIED hebt hervor, daß
die Botokuden keineswegs aus Wohlgeschmack am Menschenfleisch
zu Kannibalen geworden sind, dagegen spräche, daß sie einzelne
Gefangene am Leben lassen; nur wilde Rachgierde treibe sie zu
der schauderhaften Sitte.[2]

Bei J. J. v. TSCHUDI, der die Botokuden am Mucury besuchte,
erscheint die Anthropophagie dieses Volkes nicht in so grau-
sigem Lichte wie bei v. ESCHWEGE. „Die Botokuden," sagt er,
„werden zu den Anthropophagen gezählt und sie sind in der That
Menschenfresser, aber nicht in der grausam blutdürstigen Bedeutung,
die man gewöhnlich mit diesem Begriff verbindet, sondern bloß aus
unersättlichem Heißhunger und aus Rache. Ich glaube nicht, daß
sie einen Feind erschlagen, um ihn zu fressen, sondern daß sie
einen erschlagenen Feind auffressen, weil er ihnen gerade wie gelegen und bequem Nahrung darbietet und sie überhaupt alles
fressen, was sie nur verdauen können. — — — Das Verzehren der
Feindesleichen war und ist meistens in erster Linie eine Folge des
heftigen Dranges den Hunger zu stillen, dann aber mag auch eine
Befriedigung des Rachedurstes dazu kommen und in diesem Falle
werden nur gewisse Körperteile des getöteten Gegners als Leckerbissen dem Siegesmahle beigefügt. Auffallenderweise sucht jeder
Stamm den Vorwurf dieser scheußlichen Sitte von sich ab und auf

---

[1] W. C. v. ESCHWEGE, Journal von Brasilien. Weimar 1818. 89.
[2] MAXIMILIAN PRINZ ZU NEUWIED, Reise nach Brasilien. Frankfurt a. M.
1821. II. 49. 50.

andere Horden zu wälzen. Es mag doch vielleicht bei ihnen das Gefühl vorhanden sein, daß sie sich durch das Auffressen ihresgleichen selbst unter die Tiere stellen."[1] Darnach stimmen NEUWIED und v. TSCHUDI überein und wir dürfen bei den Botokuden Rachgier als den Beweggrund des Kannibalismus annehmen.

Südlich von den Botokuden treffen wir, gleichfalls noch in der Provinz Minas Geraes unter 21.° s. Br. an den oberen Zuflüssen des Parahyba, speziell am Rio Xipolo zwischen der Serra Geraldo und Serra do Onça auf die Coroatos-Indianer, ein sehr rohes Volk, welches im Beginn unseres Jahrhunderts noch 1900 Köpfe zählte. Bei ihnen, die einst wohl mehr der Anthropophagie ergeben waren, finden wir gleichsam die Ausläufer kannibalischer Gewohnheiten, da sie bei ihren Festen an dem abgeschnittenen Arme eines erlegten Feindes, der zuvor in Maiswein getaucht wird, zu saugen pflegen. „Der Arm des Puri geht beim Tanze in der Reihe herum, wird auch wohl aufgestellt und mit Pfeilen nach ihm geschossen, andere tauchen ihn in das Getränk, saugen davon und mißhandeln ihn auf alle mögliche Art."[2] Unschwer ist aus dieser Schilderung zu erkennen, wie es sich auch hier um einen Racheakt handelt.

Die Puris, die am Parahybastrome hausen und stark dem Einflusse der Brasilianer ausgesetzt sind, erscheinen heute nicht mehr als Anthropophagen; daß sie es einst waren, beweist ihr Name, denn Puru oder Puri bedeutet nach VARNHAGEN einfach Anthropophage.[3] Noch zu NEUWIEDs Zeit kamen bei ihnen Fälle von Kannibalismus vor.[4]

Es mag hier und da in Brasilien außer den angeführten noch Horden geben, welche kannibalischen Gewohnheiten fröhnen[5]; im allgemeinen läßt sich aber darthun, daß in Südamerika teils durch Verdrängung der Ureinwohner, teils durch Sittigung derselben die Anthropophagie ganz außerordentlich abgenommen hat, wie ein Vergleich mit den Berichten der ersten Besucher des Landes ergiebt.

Araukaner. Noch haben bei diesen sich wenigstens Spuren erhalten, die auf ehemals weiter verbreitete Anthropophagie hin-

[1] Joh. Jak. v. Tschudi, Reisen durch Südamerika. Leipzig 1866. II. 280.
[2] Hauptmann Marliess Bericht bei v. Eschwege u. a. O. 121. 127. 201.
[3] A. v. Varnhagen, Historia geral do Brazil etc. Rio de Janeiro 1854. Tom. I. 100. Schulz, Natur- und Kulturstudien über Südamerika. 15.
[4] Neuwied a. a. O. I. 161.
[5] Nach Dr. Couto da Magalhaes fressen die Chavantes am Araguay die Leichen ihrer verstorbenen Kinder, weil sie wähnen, daß dadurch die Seele dieser Kinder in die ihrige übergehe. (Brazil and River Plate Mail 21. Febr. 1874.)

weisen. Als Genugthuung für die Manen der im Kriege gefallenen
Tapferen des eigenen Stammes bringen sie Menschenopfer dar, zu
denen Gefangene des feindlichen Stammes benutzt werden. Dem
mit einer Keule erschlagenen Opfer wird das Herz aus der Brust
gerissen und frisch dem Toqui dargereicht, der einige Tropfen Blut
daraus saugt, um es alsdann den übrigen Häuptlingen zu geben,
die damit ein gleiches thun.[1]

Feuerländer. Unmöglich ist es nicht, daß der Kannibalismus sich einst durch ganz Südamerika bis zur Magalhaesstraße
und darüber hinaus erstreckte. Nach CHARLES DARWIN sind
die Feuerländer demselben infolge häufiger Hungersnot ergeben,
auch herrscht bei ihnen Elternmord[2], wie dieses auch Admiral
FITZROY bestätigt. „Fast immer im Kriege mit den Nachbar-
stämmen begriffen, treffen sie sich selten, ohne daß ein feindlicher
Zusammenstoß erfolgt. Diejenigen, welche besiegt und gefangen-
genommen worden sind, werden, falls sie nicht schon tot sind, von
den Siegern erschlagen und verzehrt. Arme und Brust essen die
Frauen, die Beine erhalten die Männer und der Rumpf wird ins
Meer geworfen." Auch im strengen Winter nehmen sie, wenn sie
keine andere Nahrung finden können, „das älteste Weib aus ihrer
Mitte, halten ihr den Kopf über dichten, durch grünes verbranntes
Holz erzeugten Rauch, pressen ihr die Kehle zu und ersticken sie.
Sie verzehren dann das Fleisch bis auf den letzten Bissen, den
Rumpf aber werfen sie, wie bei dem vorhergehenden Falle, ins
Meer".[3] Auch W. PARKER SNOW, der gute Gelegenheit hatte, sie
kennen zu lernen, sagt, daß sie nur im Falle von Hungersnot die
alten Weiber, zuletzt aber ihre Hunde fressen[4] und an anderer
Stelle sagt derselbe: *They are cannibals from necessity, but, I believe,
not from choice.*[5] Ein neuerer Beobachter, der Franzose MARGUIN,
der längere Zeit unter ihnen lebte, spricht sie gänzlich frei. *On
les dit anthropophages, mais rien pour moi ne justifie cette accusation*[6],
und so auch Dr. HYADES, der gleichfalls einige Zeit unter ihnen
lebte und das Verzehren der alten Weiber für Fabel erklärt.[7]

---

[1] E. REUEL SMITH, The Araucarians. New York 1855. 274.
[2] CHARLES DARWINS Naturwissenschaftliche Reisen. Deutsch von DIEFFEN-
BACH. Braunschweig 1844. I. 230.
[3] LUBBOCK, Die vorgeschichtliche Zeit. Jena 1874. II. 240.
[4] A two years' cruise off Tierra de fuego. London 1857. II. 358.
[5] Transact. Ethnolog. Soc. New Series. I. 264 (1861).
[6] Bulletins de la société de géographie. 1875. 501.
[7] Revue d'Ethnographie. IV. 552.

Eskimos. Bei den Eskimos mag wohl gelegentliche Anthropophagie aus Not und Hunger vorkommen, aber vom Kaunibalismus aus anderen Beweggründen sind sie freizusprechen. Sie sind kein kriegerisches Volk, das seinen Rachedurst durch das Verzehren des überwundenen Feindes stillt, wie etwa ihre südlicher lebenden indianischen Nachbarn, die unter gleichen äußeren Bedingungen (bis zum Eismeer hin) leben, jedoch kriegerischer und rachdürstiger Natur sind. Ob aber unter den Eskimos Anthropophagie herrschte, läßt sich jetzt nicht mehr nachweisen. Die Anklänge einiger Legenden in dieser Richtung, sowie die von Eskimos selbst gezeichneten und ausgeführten Holzschnitte, welche das Menschenfressen darstellen[1], erscheinen nicht als genügender Beweis.

Nordamerika. Bei den Indianern Nordamerikas mag in früheren Zeiten die Anthropophagie viel weiter verbreitet gewesen sein, als sie jetzt noch vorhanden ist. In der That war sie zur Zeit der Entdeckung schon auf ein geringes zusammengeschmolzen. Heute ist nur wenig von derselben vorhanden, und auf Rachsucht am Feinde als Beweggrund zurückzuführen, abgesehen von dem durch Not erzeugten Kannibalismus. So systematisch wie in Mexiko oder weit ausgedehnt wie bei den Jagdnomaden der Südhälfte des Kontinents scheint die Anthropophagie im Norden überhaupt nie vertreten gewesen zu sein.

Für das Vorkommen der Anthropophagie in den Hudsonsbai-Ländern bei den dortigen Indianern haben wir das Zeugnis des heldenmütigen SAMUEL HEARNE, der auf sehr beschwerlichen, an Entbehrungen überreichen Reisen 1770—1771 von Fort Churchill an der Hudsonsbai bis zur Mündung des von ihm entdeckten Kupferminenflusses in das Eismeer vordrang. Er berichtet[2]: „Diejenigen, welche mit der Geschichte der Hudsonsbai bekannt sind, und das Elend kennen, welches die Bewohner dieser Gegenden häufig erfahren, werden darin nur die alltäglichen Begebenheiten des Lebens der Wilden finden, die nicht selten durch die Not gezwungen werden, einander zu verzehren. Die südlichen Wilden — es sind die Tinnévölker gemeint — haben über diesen Punkt die sonderbare Meinung, daß sobald einer ihres Stammes, durch Not gedrungen, Menschenfleisch genossen hat, bekommt er davon einen

[1] Anthropological Review. III. 145 (1865).
[2] SAMUEL HEARNES Tagebuch seiner Reise von Fort Prinz Wallis in der Hudsonsbai nach dem nördlichen Weltmeer. In „Auswahl der Nachrichten zur Aufklärung der Völker- und Länderkunde" von M. C. SPRENGEL. Halle 1797. VII. 126.

solchen Geschmack, daß sich niemand unter seiner Gesellschaft des
Lebens sicher glaubt.   Und ungeachtet es allgemein bekannt ist,
daß nur die Not zu diesem schrecklichen Genusse treibt, so werden
doch diejenigen, die daran Teil genommen haben, allgemein vermieden und durchgängig verabscheut und verachtet. Kein Wilder
erlaubt ihnen, sein Zelt neben dem seinigen aufzuschlagen, sie
werden oft sogar heimlich ermordet. Ich habe mehrere dieser Unglücklichen gesehen, die vorher allgemein geschätzt, im besten An-
sehen standen und nun so verachtet und vernachlässigt wurden,
daß nie ein Lächeln ihren Blick erheiterte, eine tiefe Schwermut
herrschte in allen Zügen, und in dem kummervollen Auge lag deut-
lich die Frage: Warum verachtet ihr mich wegen meines Unglücks?
Die Zeit ist vielleicht nicht fern, wo die Not auch euch dazu ver-
leiten kann." HEARNE war 1775 Zeuge in Cumberland House —
westlich vom Winnipegsee —, daß ein Indianer in Gefahr geriet,
von seinen Gefährten umgebracht zu werden, da er im Verdachte
stand, Menschenfleisch genossen zu haben.[1]

J. LONG, ein britischer Holzhändler, welcher gegen Ende des
vorigen Jahrhunderts Canada und die Region der großen Seen Nordamerikas durchstreifte, ein mit den Sprachen und Sitten der Rothäute außerordentlich vertrauter Mann, führt die Anthropophagie der
Chippeways auf Blutdurst und Rachsucht zurück. Nachdem er verschiedene Mordgeschichten erzählt, fährt er fort[2]: „Ein Missionar
der Jesuiten erzählte mir über diesen Gegenstand eine Geschichte,
die niemand ohne Schaudern anhören wird. Ein indianisches Weib
in seiner Mission fütterte ihre Kinder mit einem gefangenen Engländer, den ihr Mann eingebracht hatte. Sie hieb ihm sogleich
einen Arm ab und gab den Kindern das strömende Blut zu trinken.
Als der Jesuit ihr die Grausamkeit dieser Handlung vorhielt, sah
sie ihn an und sagte: Ich will Krieger aus ihnen haben, und darum
füttere ich sie mit Speise von Menschen." Hier liegt also ein aber-
gläubiges Motiv zu Grunde.

Eine Autorität wie ALEXANDER MACKENZIE, den seine Ent-
deckungsreisen und sein langer Aufenthalt in Britisch Nordamerika
wohl zu einem maßgebenden Urteil befähigen, leugnet die Anthropophagie der Chippeways im allgemeinen und giebt nur Fälle zu,

---

[1] A. a. O. 127.
[2] J. LONGS See- und Landreisen, enthaltend eine Beschreibung der Sitten
und Gewohnheiten der Nordamerikanischen Wilden. Aus dem Englischen. Hamburg 1791. ς 115.

in denen Hungersnot zu derselben trieb. „Wenn man, sagt er, bei irgend einem Volke, nach dem unfruchtbaren Zustande seines Landes, voraussetzen könnte, daß es von Natur kannibalisch wäre, so möchte man bei der zuweilen eintretenden Schwierigkeit, sich Nahrung zu verschaffen, dieses Volk (die Chippeways) dem Vorwurf unterworfen glauben. Aber bei aller meiner Bekanntschaft mit ihnen erfuhr ich nie ein Beispiel dieser Neigung; auch sah und hörte ich unter allen Eingeborenen, die ich auf meinem Wege von 5000 (englischen) Meilen traf, nie von einem Beispiele von Kannibalensinn, sondern nur von solchen, die von der unwiderstehlichsten Notwendigkeit herrührten, die, wie man weiß, auch Menschen von den civilisiertesten Völkern einander zu verzehren zwingt.“[1] Auf solchem Boden steht auch P. KANE, der bei den Chippeways nur Kannibalismus verursacht *from absolute want* zuläßt, dabei aber darauf hinweist, daß unter den Chippeways ein Stamm als „Windigo“ bezeichnet werde, was bedeutet „Einer, der Menschenfleisch verzehrt“, worin eine geschichtliche Reminiscenz an früheren Kannibalismus erkannt werden mag.[2] Wie weit die Ableugnungen MACKENZIES und KANES berechtigt sind, mag das Folgende ergeben.

Der apostolische Vikar H. FARAUD, der achtzehn Jahr lang als Missionar in der Athabaska-Region verlebte, bestätigt nämlich auf das entschiedenste den jetzt noch vorhandenen Kannibalismus der nördlichen Indianer. Derselbe sei allerdings teilweise aus Not im Winter bei Nahrungsmangel verursacht, dann schlachte man gewöhnlich Weiber oder Kinder — teilweise aber sei er eine Folge der Rachsucht im Kriege. Und hier beschuldigt er Kris und Schwarzfüße, die auf dem Schlachtfelde, nachdem sie den getöteten Feind skalpiert, diesem das Herz herausreißen und an Ort und Stelle verzehren.[3]

Gewöhnlich scheint der Kannibalismus nur bei den Chippeways, Miamis, Potowatomis und überhaupt bei den Rothäuten vom Algonkinervolke gewesen zu sein; bei den Potowatomis hingegen scheint er nur das Privilegium einer Gesellschaft oder Brüderschaft zu sein. Die Mitglieder dieser Brüderschaft sind nicht allein mit

[1] ALEXANDER MACKENZIES Reisen von Montreal durch Nordwestamerika nach dem Eismeer und der Südsee in den Jahren 1789 und 1793. Aus dem Englischen. Hamburg 1802. 144.

[2] P. KANE, An artist among the Indians. London 1859. 58. 60.

[3] H. FARAUD, Dix-huit ans chez les sauvages. Paris 1866. Danach Bull. d. l. soc. d'Anthropologie. 1885. 38.

großen Heldentugenden begabt, sondern sie sollen diese auch durch
Zaubersprüche mitzuteilen imstande sein.[1]
Wie KEATING bezeugt, ist bei den Chippeways Kannibalismus
nach einer Schlacht stets allgemein gewesen; ja, fügt er hinzu,
man hat unter ihnen Beispiele, wo das Menschenfleisch gedörrt und
Jahre lang aufgehoben wurde, um nach langer Zeit einen Schmaus
daraus zu bereiten, zu dem sie Gäste einluden.[2] Die Dakotas
(Sioux) spricht er dagegen frei von der Anklage des Kannibalismus.[3]
Sein Führer und Dolmetscher, ein Halbblutindianer RENVILLE, versicherte KEATING, daß er dabei zugegen war, als die Briten im
Jahre 1813 in Verbindung mit einem Corps von etwa 3000 Indianern das Fort Meigs belagerten, letztere einen gefangenen Amerikaner schlachteten und in so viele Teile teilten, als Nationen
gegenwärtig waren, indem sie den tapfersten unter jeder Nation auf-
riefen, um seinen Anteil an dem Kopf und Herzen zu empfangen.
Der dazu aufgeforderte Dakota aber äußerte hierüber seinen Abscheu, weigerte sich das Fleisch zu essen und entfernte sich. Der
englische Oberst DICKSON aber, welcher die Truppen kommandierte,
ließ den Winnebago rufen, der die Sache angeregt, machte ihm
Vorwürfe und schickte ihn aus dem Lager fort.[4]
Furchtbare Rachsucht, die über das Leben hinaus den Feind
noch verfolgen will, war der wesentlichste Beweggrund des Kannibalismus der Rothäute und so sind denn unter ihnen darauf zie-
lende Ausdrücke wie „das Herz des Feindes verzehren" oder „Feindes-
blut trinken" sehr verbreitet. Algonkiner und Irokesen sind ganz
entschieden in diesem Sinne Anthropophagen gewesen und die
Mohawks, die zu den Irokesen gehören, haben sogar ihren Namen
davon, denn er lautet richtig Mauquawog = Menschenfresser.[5]
Nach Dr. SAMUEL MITCHILLS Berichten waren die im Staate New-
York einst lebenden Indianer Anthropophagen. Die Ottawas
kochten Suppe aus dem Fleische gefangener Irokesen. Unter den

---

[1] WILLIAM KEATING, Exped. to the source of St. Peters River. London
1825. I. 103. KEATING war Mitglied der großen Ver. Staaten Expedition unter
Major STEPHEN LONG.
[2] KEATING. I. 412.
[3] Nach SCHOOLCRAFT sollen indessen die Sioux (Dakotas) früher wenigstens
das Herz des Feindes gefressen haben. Indian tribes. III. 241. Und, wie die
amerikanischen Zeitungen berichteten, hat der berühmte Sioux-Häuptling SITTING
BULL noch vor wenigen Jahren das Herz der im Kampfe gefallenen amerikanischen Offiziere verzehrt, um so tapfer wie sie zu werden.
[4] KEATING. I. 103.
[5] DRAKE, The book of the Indians. Boston 1854. III. 37.

Miamis bestand ein Ausschuß von sieben Kriegern, *whose business it was to perform the maneating required by public authority.* Ihr letztes Kannibalenfest, bei dem ein Weißer aus Kentucky verzehrt wurde, fand gegen Ende des vorigen Jahrhunderts statt. Im Beginne unseres Säculums lebten noch Mitglieder des Menschenfresser-komitees der Miamis.[1]

Das mag genug sein, um festzustellen, daß die Indianer im Osten der Felsengebirge in geschichtlicher Zeit und bis auf unsere Tage herab nicht frei zu sprechen sind von Kannibalismus, wenn auch hervorgehoben werden muß, daß derselbe nur in geringem Umfange sich zeigt. Es hindert uns aber nichts anzunehmen, daß die Anthropophagie einst weit häufiger war, worauf auch die Spuren prähistorischen Kannibalismus hindeuten.

Diese zuerst nachgewiesen zu haben ist das Verdienst des Prof. JEFRIES WYMAN, welcher die uralten Muschelhügel am St. Johns River im östlichen Florida untersuchte und dabei zahlreiche Menschenknochen fand, die keineswegs, nach ihrer zerstreuten Lage zu schließen, von Begräbnissen herrühren konnten. Fast alle waren zerbrochen und oft fehlten wichtige Teile des Skelettes. Die Art und Weise, wie das Zerbrechen stattgefunden hatte, entsprach jener der Tierknochen, die in den Küchenabfällen (als welche die Muschel-hügel zu gelten haben) vorkommen; die Knochen von Hirschen und Alligatoren waren wie die Menschenknochen behandelt und überall zeigte sich Methode, welche das Zerbrechen der Knochen etwa durch Tiere ausschloß. Wie in ähnlichen Fällen in Europa schließt WYMAN aus dieser Art der Knochenbehandlung auf Kannibalismus der alten Bewohner von Florida, welche ihre Küchenabfälle in den Muschelhügeln hinterließen.[2]

Nordamerikas Westküste. Kannibalismus ist auch bei den kalifornischen Indianern bekannt gewesen. Noch existieren unter ihnen Sagen von Menschenfressern und die das Land erobernden Spanier erzählten, daß die Wappo (oder Ash-o-chi-mi) in den heißen Quellen des Calistoga-Thales einst Menschenfleisch kochten, daher der frühere spanische Name Carne Humana für diese Quellen.[3]

In Nordwestamerika ist die Vancouverinsel, das Küstengebiet von Britisch-Columbia mit seinen Fjorden, sowie das benachbarte Inselgewirr der Sitz einer ganz eigentümlichen Art von Anthropo-

---

[1] Archaeologia Americana. Worcester, Mass. 1820. I. 353.
[2] Human Remains in the Shell Heaps of the St. Johns River. In Seventh Annual Report of the Peabody Museum. Cambridge, Mass. 1874. 26.
[3] Contributions to North American Ethnology. III. 196. 344.

phagie, die hier mit sozialen Rangstufen und einer Art von Kultus verknüpft ist. Dort wohnen die in ethnologischer Beziehung sehr ausgezeichneten Quakult, Tschimsian und Bella Coola-Indianer, über die wir Kapitän Jacobsen eingehende Nachrichten verdanken. Der letztere Stamm ist von ihm 1885, vertreten durch neun Individuen, in verschiedenen deutschen Städten gezeigt worden und es hat sich herausgestellt, daß die Art der von ihm betriebenen Anthropophagie identisch ist mit derjenigen, welche die Quakult auf Nordvancouver üben, die Jacobsen ausführlich geschildert hat.[1]

Diese Indianer, die durch ihre künstlerischen Leistungen hervorragen, sind Menschenfresser bis auf unsere Tage gewesen, wo die überhand nehmende Herrschaft der Engländer ihrem Kannibalismus ein Ziel setzt. Sie haben unter sich eine Anzahl gesellschaftlicher Rangstufen, deren höchste die der „Hametze“ oder Menschenfresser ist. Diejenigen, welche dieser Kaste angehören, sind stolz darauf und genießen unter ihrem Stamme besondere Ehren. Freilich ist bei ihnen jetzt die Zeit vorüber, in der sie Sklaven oder Kriegsgefangene schlachten und verzehren konnten, ohne daß Jemand sie daran hinderte; aber sie entschädigen sich auf weit gräßlichere Weise, indem sie bei ihrem Feste menschliche Leichen verzehren, die bereits ein oder mehrere Jahre alt sind.

Nicht das Bedürfnis nach Fleischnahrung treibt die Hametzen zu dieser Art von Kannibalismus. Menschenfleisch zu essen gilt bei ihnen als Vorrecht, das nur solchen ausgezeichneten Leuten gestattet wird, die eine ganze Reihe von Kasteiungen und Vorbereitungen durchgemacht haben. Ein aus gewöhnlichem Geschlechte stammender Indianer wird nie zur Hametzenwürde zugelassen, dieses ist nur den Söhnen von Häuptlingen oder sonst hervorragenden Leuten gestattet. Die Vorbereitungen dauern vier Jahre und es erhält der Eintretende als besonderes und ehrendes Abzeichen ein aus Cedernbast gefertigtes Band, welches er über der linken Schulter unter dem rechten Arme durchgehend trägt. Während der letzten vier Monate der Lehrzeit verlassen die angehenden Hametze Haus und Familie, um in stiller Waldeseinsamkeit und unter körperlichen Entbehrungen sich zur letzten großen Ceremonie vorzubereiten. Nachdem diese Periode vorüber, ist der Augenblick gekommen, daß der so vorbereitete „Hametze“ werden soll. Er muß zunächst Menschenblut genießen. „Der künftige Hametze springt plötzlich aus dem Walde hervor, mitten in das Dorf hinein, stürzt

---

[1] Kapitän Jacobsens Reise an der Nordküste Amerikas. Leipzig 1884. 47 ff.

sich auf einen der Anwesenden und beißt ihn in den Arm oder
das Bein, indem er zugleich etwas Blut aussaugt."   Der Gebissene
hat das Recht Zahlung für diesen Akt zu verlangen, die in Decken
(Blankets) bis zu 40 Stück geleistet wird.[1]

Die Hametze genießen besondere Vorrechte. Ihre Tanzmasken,
ihre Rasseln, ihre Kopf-, Hals- und Armringe sind besonders schön
hergestellt und verziert. Wenn ein Hametze an einem Tanzfest
teilnehmen soll, sind vier Häuptlinge nötig, welche ihn viermal
hintereinander einladen müssen, ehe er sein Erscheinen zusagt.
Beim Feste bilden sie den Gegenstand allgemeiner Hochachtung
und sie selbst fühlen sich als Wesen höherer Gattung und lassen
sich feiern.

Mit dem Trinken des Menschenbluts hat ein Hametze jedoch
noch nicht den höchsten Grad seiner Würde erreicht. Die Ceremonie, bei welcher dieses geschieht, wird von den Hametzen allein
in tiefster Einsamkeit gefeiert. Ist das Kannibalenmahl vorüber,
so hat der Hametze das Recht an seiner Maske einen kleinen, aus
Holz geschnitzten Menschenschädel zu befestigen. JAKOBSEN sah
Indianer, die nicht weniger als acht solcher Schädel an der Maske
trugen. Wenn die Leiche, von der diese Leute einige Bissen zu
sich nehmen, genügend alt und mumifiziert ist, so soll der Genuß
unschädlich sein, dagegen ist es wiederholt vorgekommen, daß beim
Genuß vom Fleische verhältnismäßig frischer Kadaver einige Hametze
durch Blutvergiftung ihr Ende gefunden haben.

Noch im Jahre 1859 sah es der Verwalter der Hudsonsbai in
Fort Rupert, HUNDT, mit eigenen Augen an, daß dort (Nordvancouver) ein gefangener Sklave bei Gelegenheit eines großen Festes
an einen Pfahl gebunden und ihm der Leib aufgeschnitten wurde,
worauf die Hametze ihre Hände mit dem hervorströmenden Blut
füllten und letzteres tranken. Wahrscheinlich wurde der Sklave
nachher ganz verzehrt. Zur Strafe für diese Unthat ließ die englische Regierung das Dorf jener Indianer durch ein Kanonenboot
zerstören.

Bei den Wintertänzen der Indianer auf West-Vancouver sah
JAKOBSEN Szenen, wie die eben geschilderte, wenigstens panto-
mimisch dargestellt.[2]

---

[1] Bei den von JACOBSEN 1885 umher geführten Bella Coola sah ich zahlreiche auf diese Art von Hametzen herbeigeführte Bißnarben auf Armen und
Brust mehrerer Individuen.

[2] JACOBSENs Reise. 109.

Das Leichenfressen ist auch bei den Vancouver gegenüber am
Festlande wohnenden Tschimsian festgestellt, während bei den
nördlicher wohnenden Tlinkit (im ehemals russischen Nordamerika)
und bei der Haida (auf den Königin Charlotte-Inseln) nichts sicheres
über etwa vorhandene Anthropophagie verlautet.[1]

Ergebnisse.

Wenn auch nicht geleugnet werden kann, daß die Beweise für
ein Vorkommen der Anthropophagie in vorgeschichtlicher Zeit noch
wenig zahlreich und teilweise nicht recht beglaubigt sind, so liegt
dies vor allem in der ungenügenden Zahl der Untersuchungen, sowie in der Schwierigkeit derselben. Immerhin aber mag nach dem
angeführten Beweismaterial die Anthropophagie prähistorischer
Menschen angenommen werden dürfen und diese Annahme hat
nichts überraschendes, wenn wir gewahren, wie weit verbreitet heut-
zutage der Kannibalismus noch ist und wie derselbe sich einst über
weit ausgedehnte Landstriche erstreckte. Wenn es sich auch nicht
absolut beweisen läßt, so kann man doch annehmen, daß die Anthropophagie eine der Kinderkrankheiten des Menschengeschlechts war:
daß dieselbe auch einst weit über unsern, heute davon freien Erdteil sich verbreitete, dafür sprechen die zahlreichen sie erwähnenden
Stellen der alten Schriftsteller, die, mögen sie auch hier und da
auf Übertreibung beruhen oder gar Fabeln sein, doch vereinigt mit
dem, was Mythen und Sagen, Märchen und Volksüberlieferungen
aller Art uns lehren, in ihrer Gesamtheit den Beweis herstellen.
Allenthalben zeigt ja die Volkslitteratur der europäischen Völker
Anklänge an anthropophage Gewohnheiten und nicht nur von dem
rein materiellen Genusse des Menschenfleisches ist darin die Rede.
sondern auch jene abergläubigen Wahnvorstellungen, die bei den
Naturvölkern mit dem Kannibalismus verknüpft sind, desgleichen
die Anthropophagie aus Rachsucht haben darin ihren Platz gefunden als Niederschlag und Überlebsel des einst auch bei Europas
Urvölkern vorhandenen Kannibalismus.

---

[1] KRAUSE, Die Tlinkit-Indianer. Jena 1885. 318.

Alle jetzt noch vorhandene Anthropophagie — und sie ist nur noch über einen verhältnismäßig geringen Bruchteil der Menschheit verbreitet — erscheint aber nur als Überrest der einst allgemein vorhandenen. Diejenigen Völker, bei denen wir sie noch finden, haben sie seit Urzeiten, über die ersten Vorkommnisse bei ihnen liegen keine Nachrichten vor und nirgends läßt sich erkennen, daß erst neuerdings der Kannibalismus eingeführt worden sei.

Kein Erdteil ist vom Kannibalismus frei zu sprechen; wo er heute nicht mehr herrscht, da bestand er früher, reiche und arme Länder kannten ihn oder kennen ihn noch, er kommt in Amerika vor von den eisigen Gegenden des Hudsonbaigebietes durch die Tropen bis zur Südspitze des Kontinents. In allen Zonen ist die Anthropophagie verbreitet, doch ist sie heute wesentlich im Gebiete der Tropen zu Hause, wenn wir auch keinen genügenden Grund hierfür anzugeben im stande sind. Sie ist bei seßhaften, ackerbautreibenden Völkern, wie in Afrika, im günstigen Schwange und findet sich nicht minder bei umherschweifenden Horden, wie in Amerika und Australien.

Wie die Anthropophagie aus dem Hunger sich heraus zur Gewohnheit entwickelt und durch die physikalischen Verhältnisse eines Landes bedingt wird, kann an dem Beispiele von Australien gezeigt werden. In Australien liegt der Fall vor, daß unfruchtbare Landstriche häufig genug die dürftige Nahrung versagen, von der sonst die dünn gesäte Bevölkerung das kümmerliche Leben fristet. Mit der eintretenden oft alle Lebenskeime versengenden Dürre verschwanden die Tiere, die neben dürftigen Vegetabilien den Unterhalt der Schwarzen ermöglichte. Geht die Horde, durch Nahrungsmangel gezwungen, nicht sofort zum Kannibalismus innerhalb des eigenen Stammes über, so wandert sie aus und sucht andere Landstriche auf, die weniger oder nicht von der Trockenheit gelitten haben und Erhaltungsmittel darbieten. Von gleichen Gründen getrieben, ziehen aber auch andere, feindlich gesinnte Stämme nach denselben Gegenden, wo nun um das Jagdrecht ein Streit entsteht. Der Kampf beginnt und die Hungernden verzehren das Fleisch der gefallenen Feinde, das ihnen willkommene Nahrung bietet. Jetzt ist auch der Augenblick gekommen, daß die Rachsucht als Beweggrund der Anthropophagie einsetzt. Der getötete Feind soll gänzlich vernichtet werden und der Australier ißt mit Vorliebe „Zunge und Herz" des erlegten Feindes[1], die Organe, von denen

---

[1] W. Powell, Unter den Kannibalen von Neu-Britannien. Leipzig 1884. 220.

die Feindschaft und die Schmähreden des Getöteten ausgingen. Und weiter kommt der Aberglaube zur Geltung: er reibt seinen Körper mit dem Nierenfett des Erschlagenen ein, in dem Wahne, dadurch die Stärke jenes auf sich zu übertragen oder er verzehrt das Fett aus demselben Grunde. So reihen Aberglauben und Rachsucht sich den Motiven an, die zum Kannibalismus treiben.

Die Anthropophagie erscheint unter sehr verschiedenen Formen, die indessen nicht notwendigerweise sich auseinander entwickelt haben müssen, sondern die auch parallel nebeneinander laufen können. Bedingt sind diese verschiedenen Formen aber durch die Beweggründe, die zur Anthropophagie führten oder nach denen sie ausgeübt wird und diese geben auch die Grundlage für eine Einteilung ab.

Daß der Hunger zu allen Zeiten und bei allen Völkern in unglücklichen Verhältnissen Menschen zum Kannibalismus getrieben hat, ist natürlich und braucht nicht an Beispielen hier näher erörtert zu werden. Nur in den äußersten Fällen griff man aber zur Ernährung durch Menschenfleisch, wenn die anderweitige, gewohnheitsmäßige Nahrung fehlte und der notgedrungene Kannibalismus hörte auf, wenn mit dem gänzlichen Nahrungsmangel die Ursache zu demselben schwand. Bei manchen Völkern und in manchen Gegenden aber kehren Not und Hunger, bedingt durch physikalische Verhältnisse so oft, ja regelmäßig wieder, daß das, was vielleicht anfangs aus Widerwillen geschah, zur Gewohnheit und Sitte wurde.

Gewiß ist der Hunger eines der treibenden Motive gewesen, das bei den Feuerländern nach DARWIN, den Rothäuten des Hudsonbaigebietes nach HEARNE, den Botokuden nach v. TSCHUDI zur Anthropophagie führte. Menschenfleisch ist an und für sich nicht ungesund und die meisten Urteile stimmen darin überein, daß es sogar wohlschmeckend sei. Die Fan sagen (nach WINWOOD READE), es schmecke wie Affenfleisch, die Battas loben es (nach BICKMORE) vor allen anderen Speisen und dasselbe behaupten die Melanesier der Neu-Hebriden und der Fidschi-Inseln (nach WILKES). Die Botokuden (nach v. TSCHUDI), wie die Bewohner der Neu-Hebriden (nach TURNER) ziehen das Fleisch der Schwarzen dem der Weißen vor. Aber es fehlt auch nicht an gegenteiligen Behauptungen, wie denn die Manjuema LIVINGSTONE versicherten, Menschenfleisch sei nicht gut, man träume nach dem Genusse und die Niam-Niam sagten SCHWEINFURTH allgemein, Menschenfleisch wirke berauschend.

Aber der Hunger, der die physiologische Entschuldigung der

Anthropophagie abgeben soll, ist in verhältnismäßig wenigen Fällen als die wirkliche Ursache derselben zu betrachten. Die meisten Völker und Stämme, welche demselben huldigen, leben im Überfluß, es mangelt ihnen nicht an animalischer wie vegetabilischer Nahrung. Das trifft bei fast allen Kannibalen der Südsee wie Afrikas zu und auch die höhere oder tiefere Gesittung ist von keinerlei Einfluß auf die abschreckende Erscheinung. Die Niam-Niam in Centralafrika ragen weit hervor über viele benachbarte Negerstämme, wie Dor, Schilluk, Dinka u. s. w., und doch sind letztere keineswegs Anthropophagen, während erstere Kannibalen in der vollsten Bedeutung des Wortes sind. Auch die Fidschi-Insulaner haben verhältnismäßig entwickelte Zustände, überragen viele Polynesier, bei denen die Anthropophagie bereits auch ohne Zuthun der Weißen verschwand. Endlich die Battas auf Sumatra, bei denen jeder Reisende sich wundert, neben einer Schrift und Litteratur den Kannibalismus in Gesetzesform gebracht zu sehen. Daß selbst kultivierte Völker ihr huldigten, ist an den Azteken gezeigt worden.

Als die wesentlichsten Beweggründe zur Anthropophagie stellen sich aber stets der Aberglauben — sei er religiöser oder sonstiger Art — und die Rachsucht dar und diese beiden finden wir überall da verbreitet und zur That treibend, wo der Kannibalismus vorhanden ist. Sahen wir Kriegsgefangene als Beute, so werden die schönsten, tapfersten und durch ihre Stellung hervorragenden zunächst verzehrt. Beschränkt sich der Kannibalismus auf das Essen von einzelnen Teilen, so sind es die Augen, das Herz, das Gehirn, welche bevorzugt werden, denn sie sind der Sitz der Tugenden, der Tapferkeit und der Stärke des zu Verzehrenden, und diese will der Überwinder sich so zu eigen machen. So erklärt sich auch, daß häufig die Anthropophagie ein Vorrecht ist, ausgeübt von Häuptlingen oder auserlesenen Kriegern, welche allein der Gunst teilhaft werden sollen, ihre moralischen Eigenschaften solchergestalt zu stärken und zu vermehren. Es geschieht dieses zuweilen in einer sozusagen sublimierten Weise bei Völkern, denen vielleicht der direkte Genuß des Menschenfleisches zuwider ist, welche aber doch den vermeintlichen moralischen Gewinn aus demselben ziehen wollen. So verzehren die südamerikanischen Tarianas und Tucanos nicht direkt das Fleisch Verstorbener, um deren Eigenschaften und Tugenden in sich aufzunehmen, sondern der Körper liegt erst einen Monat in der Erde, wird dann ausgegraben und über Feuer zu einer verkohlten Masse gedörrt. Diese wird gepulvert mit Caxiri vermischt getrunken.[1] Wenn, nach BOWDICH, der Fetischmann der Aschanti das Herz eines gefangenen Feindes frißt, so thut er dies, um nicht durch den Geist des Gestorbenen gequält zu werden, von dem er annimmt, daß er seinen Sitz im Herzen hat. Die Yamas am Amazonenstrom verzehren das Mark aus den Knochen ihrer Toten, weil sie wähnen, daß dadurch die Seele des Verstorbenen in ihren Körper übergehe (MARCOY). Die Dajaks geben nach MÜLLER[2] Knaben die Stirnhaut und das Herz erlegter Feinde zu essen, um sie tapfer und muthig zu machen. Eine Chippeway-Indianerin fütterte ihre Kinder aus dem gleichen Grunde mit dem Fleische eines Engländers (LONG); bei den Südaustraliern erlangt ein älterer Bruder die Körperkraft seines jüngeren Bruders, wenn er ihn frißt (STANBRIDGE); in Queensland verzehrt die Mutter ihr neugeborenes Kind in dem Wahne, die ihr durch die Leibesfrucht entzogene Kraft wieder zu gewinnen (ANGAS) und daselbst glaubt man sogar durch Verzehren die Toten zu ehren. Die Maoris wähnten nach COOK, daß die verzehrten Feinde in ein ewiges Feuer kämen.

Überall sehen wir daher, wie der Glaube an das Dasein einer Seele, einer besonderen geistigen Kraft in dem zu Verzehrenden, als die letzte Ursache der Anthropophagie zu betrachten ist. Der Geist und die Tugenden des Verzehrten sollen durch den Genuß des Menschenfleisches in den Besitz des Essenden übergehen, gerade so, wie ihm durch andere Nahrung Zuwachs an physischer Kraft entsteht.[3]

Eng verschwistert mit dem Aberglauben ist der andere Beweggrund, die Rachsucht. Am klarsten und deutlichsten wird uns derselbe bei den Mesayas am Amazonenstrom, die das Fleisch des erschlagenen Feindes, nachdem sie es mit Widerwillen hinabgewürgt haben, wieder durch Erbrechen von sich geben (MARCOY). Die Strafe ist dann vollzogen, der Rachsucht Genüge geleistet, der Genuß des Menschenfleisches an und für sich erscheint den Mesayas ekelhaft. Wilde Rachsucht war auch bei den Kariben die Ursache

[1] WALLACE, Amazon and Rio Negro. London 1853. 498.

[2] Allgemeine Ethnographie. 315.

[3] In Parallele dazu steht der bei Naturvölkern weit verbreitete Wahn, daß gewisse Tiere oder Pflanzen durch Verspeisen besondere Eigenschaften verleihen. Ich könnte Dutzende von Beispielen anführen, erwähne aber nur die Zaparos am Napo in Südamerika, welche mit Vorliebe Fische, Affen und Vögel verspeisen, „um flink und gewandt zu werden". Sie verschmähen aber das Fleisch schwerfälliger Tiere, wie Tapir und Peccari, „damit sie nicht plump wie diese werden". Denn solche Eigenschaft ist störend für ein Urwaldjägervolk (Journal Anthropol. Institut. VII. 503).

hrer Anthropophagie und die meisten von ihnen wurden nach dem Genusse krank (DU TERTRE). Neben dem Hunger wirkt bei den Botokuden auch Rachsucht bestimmend, um den Feind zu fressen r. TSCHUDI), und PIGAFETTA, VESPUCCI, HANS STADEN berichten lasselbe von den Tupivölkern an Südamerikas Ostküste. Hier ging, rie wir durch HANS STADEN wissen, die Leidenschaft so weit, daß ler Vertilger des erschlagenen Feindes dessen Namen annahm, um io, neben der Vernichtung des Körpers, auch dessen geistiges Fort- eben noch gänzlich zu verwischen. Teilweise ist Rachsucht auch ler Beweggrund bei den Negern des Nigerdeltas (nach CROWTHER); illeiniges Motiv scheint dieselbe bei den Manjuema in Innerafrika nach LIVINGSTONE) zu sein. Rachsucht erniedrigt die Melanesier ler Salomonen und Neu-Hebriden zu Kannibalen. Sie ist vorzugs- reise der Beweggrund für die Anthropophagie der amerikanischen Rothäute.

Förmlich in ein System gebracht ist die Rachsucht bei einigen Völkern, welche das Menschenfressen als integrierenden Teil ihrer Gesetzgebung betrachten. Die höchste Strafe, welche man einem Feinde, einem Verbrecher angedeihen lassen kann, besteht darin, laß man ihn auffrißt. Als einziges Beispiel hierfür wurden nach UNGHUHNs Eröffnungen die Battas auf Sumatra angeführt, wir aben indesen oben die Belegstellen beigebracht, daß auch noch inige andere Völker die Anthropophagie unter demselben Gesichts- unkte betrachten: die Kissama in Westafrika nach HAMILTON und ie Neu-Caledonier nach GARNIER.

Am scheußlichsten erscheint uns die Anthropophagie aber ent- hieden da, wo alles Gefühl so abgestumpft ist, daß sie zur reinen eckerei wird, oder wenn man das Fleisch des Menschen genau so rzehrt, wie jedes beliebige andere Fleisch. Wenn — wie überein- immend verschiedene glaubwürdige Beobachter berichten — die an am Gabon und die Obotschi am Niger fremde Leichen aus- aben und fressen, so finden wir dafür keine Beschönigung. Das enschenfleisch wird dann Ware, wie bei uns im Fleischerladen; TCHINSON sah es am Altkalabar in Körben auf dem Markte zum rkauf ausgestellt; A. VESPUCCI und PIGAFETTA schildern, wie es den Tupivölkern geräuchert aufbewahrt wird; Monbuttu, Abanga I Niam-Niam, Neu-Caledonier und Fidschi-Insulaner sind auch diese Kategorie der Erzkannibalen einzureihen, mögen immerhin h noch andere Motive bei ihnen mit unterlaufen. Am empörend- a aber erscheint uns das Auffressen der eigenen Kinder, wie es den Neu-Caledoniern nach GARNIER, bei den Niam-Niam nach

Schweinfurth, den Australiern nach Angas, Stanbridge u. a. vorkommt und mit dem sonst anderwärts häufigen Kindermord nicht verwechselt werden darf.

Noch ist hervorzuheben, daß bei einigen Völkern die Anthropophagie sich als ein Vorrecht gewisser Klassen zeigt. Bei den Potawatomis war sie nach Keating das Privilegium einer eigenen Bruderschaft, die mit besonderen Heldentugenden ausgestattet erscheint; auf den Salomonen erhielt der Häuptling als den ihm zukommenden Teil die in ein Bananenblatt gewickelte Scham, auf Tahiti reichte man ein Auge des Opfers dem Könige, welcher so that, als ob er es verschlinge, und gleiches wird von den hawaiischen Inseln berichtet. Letztere beide Fälle sind noch als Überreste des ehemals herrschenden Kannibalismus zu deuten, der in Dahomeh, wo der König den Finger in das Blut der Schlachtopfer taucht und ableckt, in Aschanti, wo noch Fetischmänner die Herzen fressen, auf den Samoa- und Tonga-Inseln überhaupt nur noch rudimentär vorhanden ist und wo wir, in Ermangelung anderer Nachrichten, hieraus, sowie aus verschiedenen anderen Anzeichen, auf die ehemalige Ausdehnung des Kannibalismus schließen müssen.

Zeigen viele Völker scham- und scheulos ihre Anthropophagie, so fehlt es bei anderen keineswegs an Anzeichen, daß sie sich derselben schämen und damit, so will es uns scheinen, ist auch der Anfang zu einem Aufgeben des entsetzlichen Brauches gemacht. Die Kannibalenschmäuse werden oft geheim gehalten und Livingstone konnte unter keiner Bedingung zu einem solchen Banket der Manjuema Zutritt erhalten. Griffon du Bellay giebt an, die Fan hielten ihre Menschenfleischmahlzeiten geheim und schlössen die Kinder dabei aus: das letztere war auch auf den Markesas der Fall, wo ebenfalls die Weiber sich nicht bei der Sache beteiligen durften, was überhaupt mehrfach Brauch war. Die Maoris ließen nur ausnahmsweise Frauen dabei zu.

Erfreulich ist es nun zu sehen, wie mehr und mehr die Anthropophagie an Boden verliert und wie selbst in der kurzen Spanne geschichtlicher Zeit, die seit der großen Periode der Entdeckungen verflossen ist, in einem sehr bedeutenden Raume der Kannibalismus bereits verschwand. Nicht immer war es die Einwirkung weißer Ansiedler oder der Eifer der Glaubensboten, welche die Ausrottung des Übels bewirkten; auch von selbst, ohne fremde Dazwischenkunft sind Völker zum Aufgeben ihrer kannibalischen Gewohnheiten gelangt. Bei vielen Polynesiern — wo heute noch durch Anklänge sich das ehemalige Vorhandensein der Anthropophagie konstatieren läßt —

war sie verschwunden oder im Erlöschen, als weiße Menschen zuerst ihre Inseln betraten, so auf Tahatii, Hawaii, den Schifferinseln,
in Mikronesien. Sicherlich waren die Bewohner des malayischen
Archipels einst allgemein Anthropophagen; heute suchen wir dort
nur mühsam die Anklänge an diese Unsitte, sowie die Überreste
derselben zusammen. Freilich verschwand an manchen Stellen auch
die Anthropophagie mit dem Volke selbst und da, wo vor nur hun-
dert Jahren im Gebiete der großen nordamerikanischen Seen noch
anthropophage Rothäute der Jagd oblagen und rachsüchtig den an
den Kriegspfahl gebundenen Feind zerstückelten und verzehrten, da
breitet sich nun, mächtig das Land überflutend, die angelsächsische
Rasse aus. Auf Anahuacs Hochebene, wo der Weltseele blutige
Menschenopfer, verbunden mit kannibalischen Schmausereien, dargebracht wurden, lebt freilich noch heute dasselbe Indianervolk,
das jedoch mit seiner Sprache auch die alten Sitten und die
Anthropophagie aufgab und einbezogen ist in den Kreis unserer
Civilisation.

An Verteidigern der Anthropophagie hat es nicht gefehlt. Zeno,
Diogenes, Chrysippus und Montaigne entschuldigten sie aus moralischen Gründen [1] und auch unser Georg Forster glaubt ein be-
schönigendes Wort für sie einlegen zu müssen: „So sehr es auch
unserer Erziehung zuwider sein mag," sagt er, „so ist es doch an
und für sich weder unnatürlich noch strafbar, Menschenfleisch zu
essen. Nur um deswillen ist es zu verbannen, weil die geselligen
Empfindungen der Menschenliebe und des Mitleids so leicht dabei
verloren gehen können. Da nun aber ohne diese keine menschliche
Gesellschaft bestehen kann, so hat der erste Schritt zur Kultur bei
allen Völkern dieser sein müssen, daß man dem Menschenfressen
entsagt und Abscheu dafür zu erregen versucht hat."[2]

---

[1] Winwood Reade. Savage Africa. 158.
[2] Sämtliche Schriften. Leipzig 1843. I. 407.

Verlag von VEIT & COMP. in Leipzig.

du Bois-Reymond, Emil, Reden. Zwei Bände. (Erste und zweite Folge.) gr. 8. 1886/87. geh. 17 ℳ; eleg. geb. 21 ℳ.

Jeder Band ist einzeln käuflich.

Erste Folge.

Litteratur, Philosophie, Zeitgeschichte.

gr. 8. 1886. geh. 8 ℳ; eleg. geb. 10 ℳ.

Inhalt: Voltaire als Naturforscher. — Leibnizische Gedanken in der neueren Naturwissenschaft. — Aus den Tagen des norddeutschen Bundes. — Der deutsche Krieg. — Das Kaiserreich und der Friede. — Ueber die Grenzen des Naturerkennens. — Ueber eine kaiserliche Akademie der deutschen Sprache. — La Mettrie. — Darwin versus Galiani. — Culturgeschichte und Naturwissenschaft. — Ueber das Nationalgefühl. — Friedrich II. und Rousseau. — Die sieben Welträthsel. — Friedrich II. in englischen Urtheilen. — Die Humboldtdenkmäler vor der Berliner Universität. — Diderot.

Zweite Folge.

Biographie, Wissenschaft, Ansprachen.

gr. 8. 1887. geh. 9 ℳ; eleg. geb. 11 ℳ.

Inhalt: Ueber die Lebenskraft. — Ueber thierische Bewegung. — Gedächtnissrede auf Paul Erman. — Eduard Hallmann's Leben. — Ueber lebend nach Berlin gebrachte Zitterwelse aus Westafrika. — Gedächtnissrede auf Johannes Müller. — Ueber Universitätseinrichtungen. — Ueber Geschichte der Wissenschaft. — Der physiologische Unterricht sonst und jetzt. — 'Aus den Llanos'. — Ueber die Uebung. — Ueber die wissenschaftlichen Zustände der Gegenwart. — Die Britische Naturforscherversammlung zu Southampton im Jahre 1882. — Darwin und Kopernicus. — Die Berliner Französische Colonie in der Akademie der Wissenschaften. — Akademische Ansprachen.

Hoernes, Dr. **Rudolf,** o. ö. Professor an der Universität Graz, **Elemente der Palaeontologie** (Palaeozoologie). Mit 672 Figuren in Holzschnitt. gr. 8. 1884. geh. 16 ℳ.

Kollmann, Dr. **J.,** o. ö. Professor der Anatomie zu Basel, **Plastische Anatomie des menschlichen Körpers.** Ein Handbuch für Künstler und Kunstfreunde. Mit zahlreichen Abbildungen im Text. Roy.-8. 1886. geh. 14 ℳ.

Fuchs, Dr. Max, Die geographische Verbreitung des Kaffeebaumes. Eine pflanzengeographische Studie. gr. 8. 1886. geh. 1 *M* 80 *₰*

Hahn, Dr. F. G., Professor der Erdkunde an der Universität Königsberg, **Insel-Studien.** Versuch einer auf orographische und geologische Verhältnisse gegründeten Eintheilung der Inseln. Mit einer Karte in Farbendruck. gr. 8. 1883. geh. 7 *M* 20 *₰*

Hartmann, Dr. Robert, Professor an der Universität Berlin, **Der Gorilla.** Mit 13 in den Text eingedruckten Holzschnitten und 21 Tafeln. 4. 1880. geh. 30 *M*

Hirschberg, Dr. J., Professor der Augenheilkunde zu Berlin, **Eine Woche in Tunis.** Tagebuchblätter. gr. 8. 1885. geh. 2 *M*

Der Periplus des Erythräischen Meeres von einem Unbekannten. Griechisch und deutsch mit kritischen und erklärenden Anmerkungen nebst vollständigem Wörterverzeichniss von **B. Fabricius.** gr. 8. 1883. geh. 6 *M*

Im Periplus schildert ein ägyptischer Kaufmann seine im letzten Drittel des ersten Jahrhunderts unserer Zeitrechnung unternommenen Fahrten an der Westseite des roten Meeres mit der sich anschließenden Ostküste Afrika's und an der Ostküste des roten Meeres hin bis nach Indien, um Vorderindien herum, an Ceylon vorüber bis an die Mündung des Ganges. Zum ersten Male werden diese für die Kulturgeschichte so wichtigen Aufzeichnungen in deutscher Übersetzung mit ausführlichem Kommentar veröffentlicht.

Ploss, Dr. H. H., Ueber die Lage und Stellung der Frau während der Geburt bei verschiedenen Völkern. Eine anthropologische Studie. Mit 6 Holzschnitten. gr. 8. 1872. geh. 1 *M* 50 *₰*

Zur Geschichte, Verbreitung und Methode der Frucht-Abtreibung. Culturgeschichtlich-medicinische Skizze. gr. 8. 1883. geh. 1 *M* 40 *₰*

Richthofen, Ferd. Freiherr von, Professor der Erdkunde an der Universität Leipzig, **Aufgaben und Methoden der heutigen Geographie.** Akademische Antrittsrede gehalten in der Aula der Universität Leipzig am 27. April 1883. gr. 8. 1883. geh. 1 *M* 80 *₰*

Sachs, Carl, Aus den Llanos. Schilderung einer naturwissenschaftlichen Reise nach Venezuela. Mit Abbildungen im Text und einem Titelbilde. gr. 8. 1879. geh. 9 *M*

Das Werk des in den Tiroler Alpen verunglückten hoffnungsvollen jungen Gelehrten ist eine der besten Erscheinungen auf dem Gebiete der neueren Reisebeschreibung. Es schildert in lebendiger und anziehender Weise die Erlebnisse und Eindrücke des Verfassers auf einer im Auftrage der Berliner Akademie der Wissenschaften auf Kosten der Humboldtstiftung in den Jahren 1876—1877 ausgeführten Reise nach Venezuela.

Supan, Prof. Dr. A., Herausgeber von Petermann's Mittheilungen, **Grundzüge der physischen Erdkunde.** Mit 139 Abbildungen im Text und 20 Karten in Farbendruck. gr. 8. 1884. geh. 10 *M*

Druck von Metzger & Wittig in Leipzig.